The Human Fix to Human Risk

THE HUMAN FIX TO HUMAN RISK

5 ÉTAPES POUR PROMOUVOIR UNE CULTURE DE SENSIBILISATION À LA CYBERSÉCURITÉ

LISE LAPOINTE

et l'équipe dédiée de Terranova Security

LIONCREST

PUBLISHING

THE HUMAN FIX TO HUMAN RISK

5 étapes pour promouvoir une culture de sensibilisation à la cybersécurité

Deuxième édition

ISBN   978-1-5445-4050-4   *Livre relié*
           978-1-5445-4048-1   *Livre broché*
           978-1-5445-4049-8   *Livre numérique*
           978-1-5445-4051-1   *Livre audio*

Ce livre est dédié à ma très chère équipe et à Jamal, Stéphanie et Mathieu pour leur contribution et leur soutien inconditionnel depuis plus d'une décennie. Ils ont permis de transformer Terranova Security en chef de file mondial de la sensibilisation à la sécurité.

TABLE DES MATIÈRES

AVANT-PROPOS

Selon trois dictons bien connus, 1) « la sécurité dépend de la technologie à 20 % et de l'organisation à 80 % » 2) « les vrais problèmes de sécurité se trouvent entre la chaise et le clavier ! » et 3) « la sécurité est un amalgame d'outils, de processus et de personnes ». En bref, osons dire que tout est une question de comportement et de culture. *Lise Lapointe le souligne très justement dans sa vision globale visant à réduire les risques liés au facteur humain dans le monde numérique.*

Avant de nous attaquer à l'acculturation à la sécurité, nous devons définir clairement ce dont nous parlons. Cela dépasse largement la sensibilisation du grand public. L'acculturation est un terme peu utilisé, mais très pertinent, car il repose sur « *un processus qui permet à une personne ou à un groupe de personnes d'acquérir une culture qui leur est étrangère* ». C'est un ajout et non un retrait ou une soumission! Comment cela s'applique-t-il au cyberespace?

S'il y a une culture de la sécurité à créer, elle ne peut développer en faisant abstraction de la culture de l'entreprise (son histoire, son management, ses activités, ses implantations) et, surtout, de sa culture technologique (numérisation, innovation). Dans une même entreprise, nous trouverons des visions et des approches individuelles et collectives très différentes. La question du leadership des dirigeants se pose pour orienter l'acculturation dans la bonne direction.

L'acculturation à la cybersécurité doit d'abord aborder de manière cohérente et pertinente **la culture du risque**, puis **la culture de l'accès, la culture du secret** et enfin, **la culture du contrôle**. La première est la plus importante et la plus difficile à aborder au sein des grandes entreprises. La seconde est délicate, car elle impose un changement de paradigme majeur, soit la fin de la propriété à l'ère de l'informatique en nuage (Cloud computing). La troisième concernant le secret est plus capitale que jamais, car la confidentialité régresse de plus en plus. Enfin, la quatrième doit être développée de manière transparente et équilibrée entre le niveau de risque ou la menace, la gravité des impacts et la valeur de l'actif à protéger ou des objets du contrôle.

Concrètement, le processus d'acculturation doit s'inscrire dans une approche à la fois stratégique et programmatique :

- La culture du risque sera fondamentale lors d'un changement de gouvernance ou d'une réorganisation.
- La culture de l'accès devra être impérativement abordée lors d'un programme de « passage à l'infonuage » ou d'une acquisition majeure.
- La culture du secret sera pertinente lors d'une transition vers l'infonuage et de tout programme d'innovation.
- La culture du contrôle sera abordée dans tout programme de conformité, mais aussi après un incident majeur (en interne ou impliquant un concurrent, un client, un fournisseur).

La question aujourd'hui, encore plus qu'hier, n'est pas de savoir comment communiquer, sensibiliser ou former les gens ni à qui transmettre les messages. La diffusion des connaissances, l'amélioration des comportements et le renforcement des compétences sont des principes fondamentaux désormais bien compris. En fin de compte, la question essentielle reste la suivante : « **Comment amener une**

personne à faire ce qu'elle doit faire librement et de son propre chef? »
**Les spécialistes et les responsables de programmes doivent prendre
en compte ces six degrés de comportement :** *L'inconscience* porte sur
la question des risques et des menaces à connaître. *L'ignorance* porte
sur la question des politiques et des règles de sécurité à appliquer. *La
résistance* porte sur l'applicabilité de ces règles et des meilleures pratiques. *Le contournement* est une attitude naturelle à maîtriser absolument. *L'excès de confiance* s'adresse aux entreprises les plus matures.
La fraude est plus que minoritaire dans une population, mais assuré-
ment en croissance avec des conséquences potentielles énormes.

Le programme d'acculturation devient socio psychologique et tou-
chera uniquement les quatre premiers degrés de comportement mais
et restera sans effet sur l'excès de confiance et la fraude. L'équilibre
entre le « marketing de la peur » et le « moralisme » doit être trouvé
dans chaque contexte et pour chaque culture.

Le livre de Lise aidera les membres de la direction, les gestionnaires
et tous les collaborateurs à comprendre comment concrètement transformer chaque personne en première ligne de défense.

— **Pierre-Luc Réfalo**
Vice-président de Capgemini – Cyber Risk Management

TU ME DIS, J'OUBLIE. TU M'ENSEIGNES, JE ME SOUVIENS. TU M'IMPLIQUES, J'APPRENDS.

— BENJAMIN FRANKLIN

PRÉFACE

Je suis honorée que vous ayez décidé de lire la deuxième édition de mon livre *The Human Fix to Human Risk*.

Ce texte révisé et bonifié vous permettra de concevoir un programme de sensibilisation à la sécurité en suivant les cinq étapes du cadre de sensibilisation à la sécurité de Terranova Security. Plus de deux décennies d'expérience dans le secteur sont à votre disposition. En effet, le livre met en lumière les leçons que mon équipe et moi-même avons tirées de la mise en place de dizaines de milliers de programmes efficaces de sensibilisation à la sécurité auprès de millions d'utilisateurs dans le monde entier.

Aujourd'hui plus que jamais, les entreprises doivent investir dans des formations de sensibilisation qui prennent en compte les risques liés au facteur humain dans la cybersécurité. La pandémie mondiale de COVID-19 a accéléré les projets de transformation numérique, tels que la mise en œuvre d'outils de collaboration en ligne et l'utilisation de divers services infonuagiques accessibles partout et sur tout appareil. Dans ce nouveau paysage des affaires, les modèles de travail en mode hybride et en mode télétravail ont largement forcé une adoption des technologies, multipliant ainsi les défis de sécurité pour l'entreprise moyenne.

Vue d'ensemble du cadre de sensibilisation à la sécurité en cinq étapes de Terranova Security

Étape 1

ANALYSER

Analysez vos besoins et définissez les objectifs de votre programme et vos publics cibles.

Étape 2

PLANIFIER

Créez votre feuille de route, fixez vos objectifs de campagne, élaborez votre plan de déploiement, votre plan de projet et votre plan de communication.

Étape 3

DÉPLOYER

Mettez en place vos campagnes basées sur les rôles. Entretenez une communication constante avec votre public et renforcez les messages clés.

Étape 4

MESURER

Utilisez des mesures pour évaluer le succès de vos campagnes et déterminer si vous atteignez vos objectifs et vos indicateurs de rendement clés.

Étape 5

OPTIMISER

Comparez les objectifs des campagnes avec les résultats et préparez de nouvelles campagnes avec de nouveaux objectifs pour optimiser le programme. Vous devez revoir le programme chaque année afin de l'adapter à vos besoins.

L'environnement réglementaire en matière de protection des informations personnelles continue d'évoluer, exigeant toujours davantage d'efforts des entreprises et des employés. Le respect des lois et la prévention de la violation des données sont devenus un risque d'entreprise pour de nombreuses organisations.

Afin de réduire ces risques et de renforcer la sécurité de l'information, les gestionnaires et les responsables de la sensibilisation à la sécurité doivent aller au-delà du simple envoi de cours d'apprentissage autonome et de simulations d'hameçonnage aux utilisateurs. Ils doivent plutôt créer une solide culture de la sécurité, en tenant compte des meilleures pratiques au sein de toutes les unités commerciales.

En intégrant la cybersécurité à la culture de votre entreprise, vous atteindrez plus rapidement vos objectifs de changement de comportement en rattachant cette mission au risque professionnel.

Pourquoi mettre en œuvre un programme de sensibilisation à la sécurité?

La sensibilisation à la cybersécurité est essentielle à l'instauration d'une telle culture dans toute entreprise. Aujourd'hui, cependant, vous ne devez plus vous contenter de proposer des formations sporadiques à vos utilisateurs. La mise en place d'un solide programme de sensibilisation à la sécurité nécessite une formation continue. Changer les comportements et la culture prend du temps. Il faut constamment rappeler les risques aux utilisateurs et les former à les reconnaître pour pouvoir les éviter. De plus, la direction doit soutenir et financer ces initiatives, les gestionnaires doivent promouvoir et encourager la participation à la formation, et un responsable de la sensibilisation à la sécurité doit gérer les programmes mis en place.

Dans ce contexte plus large, la formation de sensibilisation à la sécurité donne à l'utilisateur les connaissances et les compétences dont il a besoin pour prendre la bonne décision lors d'une cyberattaque potentielle. En responsabilisant les utilisateurs et en les encourageant à adhérer à une culture de cybersécurité, votre entreprise peut :

- **Réduire les risques** en renforçant la résistance aux cybermenaces dans toutes les unités commerciales;
- **Assurer la conformité** aux réglementations en matière de protection des données, de confidentialité ou de gouvernance informatique;
- **Rester crédible et fiable** face aux clients, aux parties prenantes internes et externes et aux auditeurs; **et**
- former les utilisateurs aux meilleures pratiques à appliquer dans leur milieu familial.

Mon cheminement pour devenir une entrepreneure de la sensibilisation à la sécurité

Je viens d'une famille d'entrepreneurs. Pourtant, mon père a toujours espéré que ses enfants iraient à l'université et choisiraient une autre voie professionnelle. Au départ, c'est exactement ce que j'ai fait, et je suis devenue enseignante. Quand j'ai entamé ma carrière dans l'enseignement au début des années 1980, mon avenir semblait tout tracé.

Je ne m'attendais pas à ce que mon frère Michel m'aide à lancer ma carrière d'entrepreneure.

Il travaillait chez IBM, qui venait de lancer Displaywriter, un nouveau traitement de texte. IBM voulait introduire Displaywriter dans les écoles et les collèges, mais un collège de la région ne voulait pas signer le contrat avec mon frère sans y inclure un professeur pour former les employés. Mais il connaissait une enseignante... moi!

J'ai accepté de le faire. À l'époque, j'avais vingt-trois ans et je n'avais rien à perdre. J'ai posé une condition, cependant. IBM devait me former sur son système pour que je puisse concevoir le cours. Peu de temps après, mon frère m'a présenté une nouvelle idée d'affaires : fournir aux petites entreprises un logiciel de comptabilité qui pourrait être exécuté sur Displaywriter, qui servait jusque-là uniquement de traitement de texte.

Mon frère, mon mari et moi avons passé tout notre temps libre à programmer ce nouveau logiciel jusqu'à ce que nous soyons prêts à lancer notre entreprise : Microcode. En cinq ans, j'ai créé un service de formation chez Microcode, qui a fini par être reconnu comme l'un des plus grands centres de formation Microsoft en Amérique du Nord. En 1998, le géant canadien des télécommunications Telus Business Solutions a acquis le centre de formation de Microcode.

J'ai su alors que je devais créer quelque chose de nouveau dans le domaine de la formation et de l'informatique. Une entreprise axée sur les solutions et capable de grandir à l'échelle internationale. C'est ainsi que j'ai créé Terranova Security en 2001 et que j'ai mis en marché son premier cours de sensibilisation à la sécurité en 2003.

Tout est dans le choix du moment

C'était le moment parfait pour jeter les bases de mon entreprise. La popularité de l'Internet grandissait, tout comme les cas de fraude et de cybercriminalité. Les entreprises et les particuliers ont pris conscience de la nécessité de former au plus vite les employés aux meilleures pratiques en matière de cybersécurité. Savoir saisir ce sentiment d'urgence est l'une des nombreuses étapes nécessaires pour réussir à changer les comportements, car vous devez aider les autres à comprendre la nécessité du changement et l'importance d'une action immédiate.

Malheureusement, l'urgence seule ne suffit pas pour réussir. Une étude de McKinsey and Company montre que 70 % de toutes les transformations échouent. Pourquoi? Pour de nombreuses raisons : une culture d'entreprise faible qui ne correspond pas à la mission élaborée, un manque de participation et d'adhésion, une vision puissante insuffisamment communiquée, une vision médiocre trop communiquée, une formation ou des ressources insuffisantes, etc.[1] Plus nous mettions en œuvre des programmes de sensibilisation à la sécurité, plus le besoin d'un cadre complet visant à aider les responsables de la sécurité des systèmes d'information (RSSI) se faisait sentir.

Cette époque a donné naissance à plusieurs excellentes entreprises de sécurité informatique, mais de mon côté, j'ai décidé de me concentrer sur l'aspect humain.

Terranova Security - son histoire

- Novembre 2001 – création de Terranova Security.
- 2002 – fin de l'analyse de marché.
- 2003 – conception d'un cours en ligne de sensibilisation à la sécurité.
- Septembre 2003 – vente de la formation de sensibilisation à la sécurité aux premiers clients (chaîne d'épicerie, industrie pharmaceutique).
- 2003 à 2006 – croissance continue (banques, ATV, agences gouvernementales fédérales et provinciales).
- 2006 – conception d'un système de gestion de l'apprentissage et d'un outil d'évaluation.
- 2007 – introduction d'une formation de sensibilisation dans le but d'instaurer une culture de la sécurité ciblée sur le marché américain.

---

1   Harry Robinson, « Why Do Most Transformations Fail? A Conversation with Harry Robinson », McKinsey & Company, 10 juillet 2019 https://www.mckinsey.com/capabilities/transformation/our-insights/why-do-most-transformations-fail-a-conversation-with-harry-robinson.

- 2009 – offre de services européens et mondiaux.
- 2015 – Terranova Security reconnu en tant que chef de file du secteur dans le Magic Quadrant de Gartner.
- 2016 – élaboration d'une nouvelle plateforme de simulation d'hameçonnage.
- 2017 à 2018 – élaboration d'une nouvelle plateforme intégrée.
- 2019 – lancement du premier tournoi annuel mondial « Gone Phishing Tournament™ ».
- 2019 à 2021 –
  - Conception des modules de formation « Serious Game » et de la première bibliothèque de formation adaptée mobile.
  - Lancement du Security Awareness Virtual Summit (Sommet virtuel sur la sensibilisation à la sécurité) coparrainé par Microsoft.
  - Lancement d'un centre de cybersécurité doté d'une trousse pour le télétravail.
- 2020 à 2021 – élaboration de programmes de sensibilisation automatisés pour un déploiement facile et rapide.
- 2021 à 2022 – intégration dans la plateforme de sensibilisation du centre de contenu, de l'indice de sensibilisation à la sécurité, indice de la culture et automatisation du gestionnaire de campagne.

Bien faire

C'est l'enseignante en moi, plus que tout aspect de mon rôle de présidente, qui m'a poussée à écrire ce livre. Je crois sincèrement qu'il faut offrir un produit capable de résoudre les problèmes, de donner des résultats constants et de fournir de la valeur ajoutée aux clients de tous les secteurs. C'est la raison pour laquelle je souhaite que les entreprises investissent dans la formation de leurs employés. À la fois pour qu'ils utilisent les technologies en toute sécurité et qu'ils cessent de considérer la sensibilisation à la sécurité comme une simple question de conformité. Les entreprises doivent modifier les comportements des employés et instaurer une culture de la sécurité au sein de leurs organisations afin de protéger leurs informations sensibles.

INTRODUCTION

« Il n'est pas nécessaire d'être un génie, un visionnaire
ou même un diplômé d'université pour réussir.
Un cadre et un rêve vous suffisent. »
— **MICHAEL DELL**

Dans le monde entier, le nombre de cyberattaques ne cesse d'augmenter et les services de sécurité sont soumis à une pression incessante. La nouvelle tendance la plus importante, le télétravail, apporte son lot de nouveaux défis en matière de cybersécurité et de nombreuses entreprises ne savent pas comment s'en sortir toutes seules.

Selon Stéphane Nappo, vice-président responsable de la sécurité des systèmes d'information mondiaux du Groupe SEB : « L'éducation a toujours été un catalyseur de bénéfices pour les individus et les organisations. Pour suivre le rythme de la transition numérique, l'éducation doit évoluer rapidement et radicalement, tant au niveau de la conception que de la diffusion. L'éducation fait partie de l'équation numérique. »

Les périodes de changement comme celle-ci offrent l'occasion de mettre en œuvre un plan complet de formation à la sensibilisation à la sécurité qui permet à la fois d'atténuer les risques et d'alimenter une culture organisationnelle sensibilisée à la cybersécurité.

La cybercriminalité atteint des niveaux toujours plus élevés et s'infiltre dans plus de domaines de notre vie que nous aurions pu imaginer. Nous sommes tous concernés. Nous sommes tous des cibles. Nous sommes tous touchés, les entreprises comme les consommateurs.

Face à cette menace, vous devez vous assurer que vos employés reconnaissent les dangers et savent s'en défendre. Vous pouvez y parvenir en sensibilisant vos employés aux risques liés au facteur humain et en les rendant responsables de la protection des données et des systèmes auxquels ils ont accès.

Les conséquences d'une atteinte à la sécurité

Les cyberattaques ont une incidence considérable sur les particuliers, les entreprises et les professionnels qui leur fournissent des services.

Incidence sur les particuliers

Les criminels peuvent utiliser des informations comme les numéros d'assurance sociale, les dates de naissance et les informations relatives aux soins de santé et aux cartes de crédit pour commettre des vols d'identité, perturber des vies et acculer des gens à la ruine. Les données personnelles reflètent la vie de gens réels. Protéger les données d'une personne revient à protéger la personne elle-même.

Incidence sur votre entreprise

Outre les éventuelles conséquences économiques dévastatrices d'une violation de sécurité de votre entreprise, vous devez également tenir compte des répercussions non financières. Par exemple, vous pouvez être confronté à une perte de crédibilité, à la divulgation de secrets commerciaux ou à une baisse de la valeur marchande.

Incidence sur les professionnels de la cybersécurité

Les professionnels de la cybersécurité ont la lourde tâche de protéger votre entreprise contre une myriade de cyberattaques avec des ressources limitées, alors que les cybercriminels sont souvent bien financés et ont tout le temps voulu et les outils nécessaires pour atteindre leurs objectifs. Et pourtant, lorsque quelque chose tourne mal, les responsables de la cybersécurité et d'autres dirigeants sont souvent accusés de ne pas avoir mis en place des protections adéquates. Le soutien de chaque gestionnaire et de chaque utilisateur de l'entreprise leur est alors nécessaire.

La sensibilisation à la sécurité est un élément crucial d'un plan de sécurité efficace. Pour éviter ces incidences, nous devons nous attaquer aux risques liés au facteur humain.

Comment aborder les risques liés au facteur humain?

Vous comprenez peut-être déjà l'importance de protéger votre entreprise, vos clients et vous-même des effets néfastes d'une violation de la sécurité de l'information, mais que faites-vous à ce sujet? Nous appelons souvent ce facteur de risque le facteur humain, la zone de vulnérabilité la plus importante, le « maillon le plus faible ». Le terme de « maillon négligé » pourrait mieux convenir, car de nombreuses stratégies de sécurité ne le prennent pas en compte.

Heureusement, vous pouvez faire de l'élément humain le « maillon fort » et l'intégrer dans votre stratégie de défense en matière de cybersécurité en développant un état d'esprit sensibilisé à la sécurité dans toute votre entreprise. La sensibilisation à la sécurité doit être plus qu'un ensemble de règles à suivre pour vos employés; elle doit être totalement comprise afin que la vigilance et l'attention deviennent une seconde nature.

En d'autres termes, le fait que vos employés suivent une formation de sensibilisation à la sécurité ne suffit pas. Ils doivent en effet mettre en pratique leurs nouvelles connaissances en restant attentifs aux menaces renouvelées et en assurant la sécurité des données à long terme.

Il existe d'innombrables raisons pour lesquelles les programmes de sensibilisation à la sécurité ne parviennent pas à réduire efficacement les brèches de sécurité informatique, notamment :

1. La sensibilisation à la sécurité est considérée comme un projet et non comme un processus continu.
2. Nous commençons par la phase de déploiement, en diffusant des cours en ligne, accompagnés ou non de vidéos, sans analyse ni planification appropriées.
3. Nous voulons seulement cocher la case des exigences de conformité.
4. Nous n'établissons pas de référentiel d'entreprise pour déterminer les priorités.
5. Nous ne fixons aucun objectif pour notre programme et nos campagnes.
6. Nous n'établissons aucun indicateur de rendement clé (IRC) et ne mesurons pas les résultats.
7. Nous ne rendons pas nos campagnes passionnantes et interactives pour les participants.
8. Nous ne personnalisons pas le contenu pour refléter la réalité de notre entreprise ou de notre audience.
9. Nous ne sollicitons pas la participation des parties prenantes et des contributeurs appropriés.
10. Nous n'allouons pas les ressources humaines appropriées avec les bonnes compétences pour gérer le programme.

Pour réussir à modifier les comportements humains à risque, nous devons agir autrement. Nous devons mettre en place de solides programmes de sensibilisation à la sécurité en utilisant un cadre éprouvé et en adoptant une approche centrée sur les personnes. Le cadre proposé dans ce livre vous donnera les outils et la structure nécessaires pour bien faire les choses dès la première fois. Il vous obligera à analyser les facteurs cruciaux avant de commencer, à planifier de manière stratégique et à mesurer les résultats pour améliorer votre approche. Ce cadre exhaustif est également facile à suivre, car il présente une série de points de contrôle qui vous permettront de rester sur la bonne voie et de garantir le succès de votre programme.

Changement de comportement et de culture

Si vous êtes responsable de la sensibilisation à la sécurité, vous avez pour mission de créer un changement de comportement et de développer une culture de la sécurité dans votre entreprise. Vous tentez d'inciter les gens à changer leurs habitudes pour adopter des comportements sûrs, ce qui n'est pas une tâche simple.

Si vous voulez changer le comportement des gens, vous ne pouvez pas vous contenter de leur demander de suivre une formation de quinze minutes de manière intermittente ou de s'asseoir devant leur ordinateur pendant une heure une fois par an. La sécurité doit rester une priorité. Pour soutenir ce constant travail de sensibilisation, vous devez déployer un programme complet composé de plusieurs petites campagnes.

Comment se produit un changement de culture? Songez à l'utilisation quasi omniprésente des ceintures de sécurité dans les voitures au cours des vingt ou trente dernières années.

Quand j'étais enfant, on ne se souciait pas trop des ceintures de sécurité. La voiture familiale n'était même pas équipée de ceintures de sécurité sur le siège arrière. Mais aujourd'hui, tout le monde s'accorde sur l'importance des ceintures de sécurité. La première chose que l'on fait en montant dans la voiture est de boucler sa ceinture.

Alors qu'est-ce qui a changé? Lentement, l'idée qu'attacher sa ceinture de sécurité pouvait sauver des vies nous est devenue familière. Nous avons commencé à voir des publicités de sensibilisation partout, citant des statistiques, des lois et des avantages. Les messages d'intérêt public diffusés à la télévision et à la radio étaient insistants, intenses et fréquents. Au fil du temps, nous avons transformé ces nouvelles connaissances en action.

La leçon à en tirer est que **vous devez utiliser la répétition et le renforcement pour modifier les comportements.**

Et vous devez continuellement communiquer les meilleures pratiques de sensibilisation à la sécurité par divers moyens. Vous devez notamment :

- *Raconter des histoires* : raconter une histoire est particulièrement utile si elle s'adresse aux deux côtés du cerveau – émotionnel et rationnel. Les gens se joindront à vous et se mobiliseront si cela a un sens pour eux.
- *Communiquer* : un changement culturel nécessite beaucoup de communication. Dans le monde de la technologie, nous utilisons souvent le modèle de gestion du changement « ADKAR » :
  - *La sensibilisation (A pour « awareness »)*: Assurez-vous que chaque personne au sein de votre entreprise comprenne la nécessité du changement.
  - *Le désir (D pour « desire »)* : Faites en sorte que toutes les personnes concernées souhaitent ce changement.
  - *Les connaissances (K pour « knowledge »)* : Fournissez à chaque personne les informations dont elle a besoin pour remplir sa part du processus de changement.
  - *La capacité (A pour « ability »)* : veillez à ce que tous les employés disposent des compétences et de la formation nécessaires pour jouer leur rôle avec succès.

- *Le renforcement (R pour « reinforcement »)* : Continuez à travailler avec les employés et les parties prenantes une fois le changement effectué afin de vous assurer que chacun reste au fait de la nouvelle façon de faire les choses.[1]

Le changement est un processus, pas un projet

Pour modifier efficacement les comportements et instaurer une culture de la sécurité au sein de votre entreprise, vous devez considérer la sensibilisation à la sécurité non pas comme un projet, mais comme un processus continu.

Souvent, lors d'un changement, nous communiquons des informations et nous attendons des personnes impliquées qu'elles s'adaptent immédiatement. Or, plusieurs études affirment qu'il faut deux mois (et non vingt et un jours comme on l'a souvent entendu) pour changer de comportement. Ne sous-estimez donc pas l'importance des mesures que les employés doivent prendre et le temps dont ils ont besoin pour modifier durablement leur comportement.

Il est essentiel de comprendre les étapes de l'adoption d'un changement :

- Étape 1 : sensibilisation (je suis informé.)
- Étape 2 : compréhension (je comprends.)
- Étape 3 : acceptation (j'accepte.)
- Étape 4 : adoption (je le mets en pratique.)
- Étape 5 : intégration (je fais les choses selon les nouvelles normes.)

Pour élaborer un programme complet, vous devez également avoir

---

1   Kristen Hicks, « Top 8 Change Management Models : A Comparison Guide », *Zendesk Blog*, 12 mai 2020 https://www.zendesk.com/blog/change-management-models/.

une vision claire des objectifs spécifiques de votre entreprise et la communiquer en interne. Pour atteindre ces objectifs, vous devrez créer des parcours de formation faits sur mesure en fonction du rôle, des responsabilités et des exigences de l'utilisateur, tant en matière de connaissances préalables que du niveau de risque associé à son profil.

Vos campagnes de sensibilisation en interne doivent également afficher une culture organisationnelle soucieuse de la sécurité. Préparez un plan de communication convaincant et veillez à ce que les employés reçoivent des messages cohérents axés sur la sécurité, et y adhèrent.

Il est également nécessaire de disposer de paramètres de suivi appropriés pour pouvoir rendre compte avec précision du rendement du programme. Les données que vous enregistrez vous permettront d'adapter vos priorités en cours de route et de mettre en œuvre des améliorations pour atteindre vos objectifs.

Terranova Security a créé son cadre de sensibilisation à la sécurité en cinq étapes pour vous aider dans toutes ces initiatives et plus encore. Sans lui, il sera beaucoup plus difficile de créer une stratégie, de communiquer les bons messages et de les lier à votre culture de la cybersécurité.

Vue d'ensemble du cadre de sensibilisation à la sécurité en cinq étapes de Terranova Security

Avant le déploiement

Étape 1 – Analyser : Examinez avec franchise la culture de votre entreprise, le niveau de sécurité, la maturité, les publics cibles, la motivation des employés, les objectifs stratégiques, les obligations de conformité et les autres facteurs externes, internes ou sectoriels qui déterminent votre programme de sensibilisation.

La collecte de ces informations vous permettra de réaliser l'*ÉTAPE 2 – PLANIFIER*. Au cours de cette étape, vous prendrez des décisions stratégiques pour définir vos campagnes, en particulier les objectifs et les indicateurs de rendement clés de chaque campagne, afin de pouvoir mesurer votre succès par rapport à vos objectifs.

Pendant le déploiement

Étape 3 – Déployer : préparez et déployez toutes les activités d'apprentissage, de renforcement et de communication que vous avez établies pour les campagnes. Avant le lancement, effectuez des essais pilotes pour vous assurer du bon déroulement technique de la campagne. Pendant la campagne, envoyez des messages de renforcement à chaque utilisateur en les adaptant à ses résultats.

Le déploiement de la formation à la sensibilisation à la sécurité devrait être automatisé en fonction des niveaux de risque et de connaissance. La collecte de ces points de données s'effectue au moyen d'une fonction comme notre indice de la culture de la sécurité qui permet aux entreprises d'identifier rapidement les utilisateurs ou les profils à haut risque, de définir les domaines spécifiques de changement de comportement et de personnaliser les campagnes de formation pour les adapter à ces réalités uniques.

En fonction de leurs performances et de leurs niveaux de risque, les utilisateurs peuvent :

- se voir assigner une formation supplémentaire;
- se voir encourager à participer par la rétroaction et des points de contact plus fréquents;
- être inclus aux simulations d'hameçonnage supplémentaires.

En combinant l'évaluation personnalisée des risques avec des campagnes automatisées basées sur les risques et directement liées aux connaissances et aux niveaux de risque uniques d'un utilisateur ou d'un profil, les entreprises bénéficient d'une plus grande souplesse dans leur formation de sensibilisation. Quand les parcours d'apprentissage et les campagnes de formation sont adaptés aux comportements spécifiques des utilisateurs, les responsables de la sécurité peuvent être sûrs que leur formation de sensibilisation réduira les risques et favorisera une culture sensibilisée à la cybersécurité au sein de toutes les équipes, tous les services et toutes les régions.

Après le déploiement

Étape 4 – Mesurer : Utilisez les mesures et les indicateurs de rendement clés (IRC) établis à l'*étape 2 – Planifier* pour mesurer les risques liés au facteur humain, évaluer l'efficacité de vos campagnes et déterminer si elles atteignent vos objectifs.

L'analyse de ces informations vous donnera des indications essentielles sur la manière de réaliser l'*ÉTAPE 5 – OPTIMISER*. À ce stade, vous comparez les objectifs de la campagne avec les résultats et déterminez de nouveaux objectifs afin d'ajuster les campagnes suivantes pour qu'elles aient encore plus d'impact.

Avant de commencer : Parlons gestion de projet

L'un des aspects les plus importants – et pourtant sous-estimé – de tout programme de sensibilisation à la sécurité est la gestion des ressources des projets et des infrastructures. Pour assurer le succès de vos campagnes de sensibilisation, vous devez déterminer qui supervisera chaque étape du processus et comment chaque aspect sera exécuté.

Si vous ne désignez pas dès le départ un chef de projet dédié uniquement à cette tâche ou, à tout le moins, un comité en charge du processus, vous risquez de faire échouer vos initiatives de sensibilisation à la sécurité. Si les processus de gestion du projet ne sont pas mis au point, des campagnes entières pourraient ne jamais voir le jour, ce qui se traduirait par un rendement du capital investi (RCI) non réalisé.

Pour vous aider dans la mise en place de la gestion du projet, utilisez la liste de contrôle ci-après comme guide d'orientation.

Liste de contrôle pour la gestion du projet de sensibilisation à la sécurité

Analyse et planification

- Définir les priorités et établir le profil de l'entreprise.
- Remplir les éventuels questionnaires d'analyse.
- Définir les fonctions du projet et du programme.
- Proposer le choix et le regroupement des thèmes.
- Examiner les réponses des analyses et fournir une rétroaction.
- Mener des entretiens avec les parties prenantes.
- Préparer des plans de sensibilisation.
- Présenter la stratégie à l'équipe dirigeante.

Préparation de la plateforme et du contenu

- Décider des administrateurs de la plateforme.
- Télécharger le contenu adapté à la sélection.
- Intégrer l'authentification unique (SSO).
- Importer la liste des utilisateurs (SCIM Provisioning ou une importation d'un fichier Excel).
- Configurer les listes d'autorisations IP pour l'hameçonnage.
- Préparer les messages de communication.
- Personnaliser le matériel de l'entreprise avec ses couleurs, logos et images.
- Veiller à ce que les administrateurs de la plateforme reçoivent une formation appropriée.

Analyse de la simulation d'hameçonnage

- Décider des scénarios de simulation d'hameçonnage de base.
- Obtenir l'approbation du choix du scénario.
- Informer l'équipe informatique et du centre de sécurité de

l'événement à venir.
- Préparer une simulation d'hameçonnage.
- Tester une simulation d'hameçonnage.
- Lancer une simulation d'hameçonnage.
- Analyser les résultats.
- Présenter les résultats.

Analyse du questionnaire ou du sondage
- Définir les questions; évaluer le succès des campagnes.
- Préparer les communications pour le questionnaire.
- Préparer le questionnaire.
- Tester le questionnaire.
- Lancer le questionnaire.
- Analyser les résultats du questionnaire.
- Communiquer les résultats du questionnaire.

Lancement du programme de sensibilisation
- Préparer l'annonce du programme.
- Diffuser l'annonce du programme.
- Lancer le premier cours.

Ce livre approfondira certains aspects de cette liste. Ce que vous devez cependant retenir, c'est que la réalité de votre entreprise dictera quand, par qui et à quelle vitesse chaque phase sera réalisée. Associées au niveau de maturité globale de votre programme, ces techniques évolueront à mesure que l'engagement en matière de sensibilisation à la sécurité augmentera au sein de toutes les équipes.

Même si vous exécutez toutes les tâches de la liste de contrôle, cela ne signifie pas que votre programme de sensibilisation à la sécurité est réglé pour de bon. Vous devez le reprendre du début et, en fonction de vos objectifs de cybersécurité pour l'exercice ou le trimestre, relancer chaque étape de la gestion du projet en conséquence.

Votre réussite est au centre de nos préoccupations

Chez Terranova Security, nos clients sont nos partenaires. Mon équipe et moi-même souhaitons voir vos collaborateurs adopter un état d'esprit axé sur la sécurité et protéger votre entreprise contre les violations de sécurité. Cela me tient à cœur. À tel point que j'ai bâti toute mon activité sur ce principe.

Nous voulons votre réussite. Commençons.

*Bienvenue dans le cadre de la sensibilisation
à la sécurité en cinq étapes de Terranova Security*

IL EST ESSENTIEL DE POSER DES BASES SOLIDES POUR ASSURER LE SUCCÈS DE VOTRE PROGRAMME DE SENSIBILISATION À LA SÉCURITÉ.

UN
ÉTAPE 1 :
ANALYSER

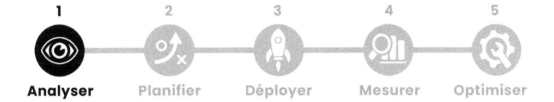

Bienvenue à l'étape 1 du cadre de la sensibilisation à la sécurité en cinq étapes de Terranova Security – Analyser.

Quelle que soit la taille de votre entreprise, l'analyse est essentielle. Elle vous fournit les informations cruciales nécessaires pour créer et mettre en œuvre un programme de sensibilisation à la sécurité qui répond aux besoins réels de votre culture organisationnelle et de votre environnement actuels.

Vous devez analyser, mais sans faire une analyse trop exhaustive. Dans ce livre, je vous fournis la plupart des questions à poser au stade de l'analyse. Vous pouvez approfondir votre analyse et vous concentrer sur les détails qui vous permettront d'obtenir un programme de sensibilisation à la sécurité efficace et réussi. Terranova Security peut également offrir des services de consultation pour vous aider dans la phase d'analyse. Notre plateforme, qui utilise Campaign Builder, vous permet d'automatiser l'ensemble du processus.

Vous devez concevoir un programme sur mesure pour votre entreprise. Votre culture organisationnelle est différente de celle des autres organisations. C'est aussi vrai pour vos facteurs de risque, le niveau de motivation de votre personnel, vos obligations de conformité, votre culture interne et votre capacité à déployer un programme.

Il est essentiel de prendre du recul pour trouver une solution adaptée qui entraînera un changement de comportement chez les membres de votre entreprise. Une solution qui exploitera leurs forces et s'attaquera à leurs faiblesses, comme leur motivation à apprendre et leurs lacunes en matière de sensibilisation à la sécurité.

Dans cette première étape du cadre de sensibilisation à la sécurité en cinq étapes de Terranova Security, vous déterminerez les objectifs stratégiques de votre programme. Ces grands objectifs sont les principaux résultats que vous comptez atteindre grâce à votre programme de sensibilisation à la sécurité.

Vous examinerez également une série de facteurs pertinents pour votre entreprise. Vous identifierez les risques, vos publics cibles et leur désir de participer à votre programme, les obligations de conformité, les thèmes à couvrir et vos principales catégories de collecte de données. De plus, vous évaluerez le niveau actuel de sensibilisation à la sécurité de votre entreprise et sa capacité à déployer des activités de sensibilisation, et vous déterminerez les ressources et le budget dont vous aurez besoin.

Les données que vous recueillez maintenant vous fourniront toutes les informations dont vous avez besoin pour élaborer votre plan à l'étape 2.

Commencez votre analyse

Prenez maintenant le temps de réfléchir aux questions ci-après. Cet exercice guidera votre réflexion et l'orientation de votre programme émergera.

Si nécessaire, consultez des personnes de votre entreprise afin de dresser un portrait le plus complet possible. N'hésitez pas à consulter un nombre important de personnes au sein de l'entreprise; les personnes « positives » et les personnes « négatives ou critiques » peuvent fournir des informations précieuses. Il est important de recueillir les différents points de vue.

Votre analyse doit se concentrer sur douze catégories principales de collecte de données :

1. Instigateurs du programme
2. Objectifs
3. Conformité
4. Les publics cibles
5. Niveau de maturité
6. Niveau de connaissance et de comportement
7. Motivation et culture
8. Portée de votre programme
9. Autres informations
10. Ressources de soutien
11. Mondialisation
12. Coûts

1. Instigateurs du programme

La première étape essentielle dans l'élaboration d'un programme de sensibilisation à la cybersécurité adapté à votre entreprise consiste à vous poser des questions sur vos motifs. Vous définissez le ou les objectifs de vos initiatives de sensibilisation et les bénéfices attendus. La manière dont vous rassemblez toutes ces considérations dépendra des facteurs de motivation de votre programme, des facteurs internes et externes et de l'industrie.

Facteurs du programme

Ces facteurs influenceront les objectifs stratégiques que vous choisirez de poursuivre et la façon dont vous mesurerez l'efficacité du programme. Pour garantir une préparation et une prise de décision approfondies, tenez compte de tous les facteurs en suivant une liste existante ou le questionnaire proposé sur la plateforme de sensibilisation à la sécurité de Terranova Security.

Facteurs externes

Les entreprises n'ont peut-être pas un parfait contrôle sur les facteurs externes, mais ceux-ci ont une incidence sur les entreprises et les attentes de leurs employés. Il peut s'agir notamment :

- de l'adoption et de l'utilisation du d'infonuage;
- de la dépendance à l'égard des partenaires externes de développement et de la chaîne d'approvisionnement;
- de la croissance technologique accélérée (par exemple, chaîne de blocs, Internet des objets, etc.);
- du monde hyperconnecté, des applications et des appareils de productivité utilisés, ainsi que le temps passé en ligne;
- de l'augmentation de la complexité, de la fréquence et de la gravité des conséquences des cyberattaques; et

- des lois réglementaires mondiales axées sur la protection de l'information et la confidentialité des données.

Facteurs liés à l'industrie

Certains facteurs pour les principales parties prenantes sont purement liés à l'industrie. Ceux-ci reflètent la réalité d'une entreprise en matière de conformité, de confidentialité des données, de normes de sécurité de l'information et de normes technologiques propres à son secteur. Par exemple, les responsables de la sécurité du secteur des soins de santé devront tenir compte de considérations différentes de celles des responsables de l'informatique ou des finances.

Les facteurs liés à l'industrie se décomposent comme suit :

- les exigences en matière de protection des données personnelles;
- les cybermenaces qui visent les informations sensibles dans chaque secteur; et
- les procédures établies pour le traitement des données personnelles.

Lorsque vous examinez les facteurs liés à l'industrie, il peut également s'avérer utile de comparer vos performances en matière de sensibilisation à la cybersécurité et vos politiques de sécurité à celles d'entreprises du même secteur. Ce processus peut fournir des points de repère pertinents et donner des indications fondées sur des données.

Facteurs internes

Cette liste de facteurs internes constitue votre point de départ. Elle continuera à évoluer parallèlement à votre programme de sensibilisation. Les campagnes et les initiatives porteront sur ces facteurs, notamment ceux qui ont une incidence sur la protection des actifs informationnels et la prévention des cyberattaques.

- les actifs informationnels : la classification et le traitement de l'information;
- Les cyberattaques : l'hameçonnage, le piratage psychologique, les rançongiciels et autres attaques similaires;
- la gestion des incidents : les rapports d'incidents et les processus connexes;
- l'agilité organisationnelle accrue : le renforcement continu des programmes;
- la concordance avec le mandat global : les objectifs organisationnels définis; et
- les considérations culturelles : motiver les utilisateurs à apprendre et à appliquer les connaissances.

Les facteurs internes changeront également en fonction des perspectives financières et opérationnelles de votre entreprise, aujourd'hui et à l'avenir. Il est important de revoir les trois catégories de facteurs pour s'assurer que les informations les plus pertinentes façonnent votre stratégie de sensibilisation à la sécurité.

2. Objectifs

Maintenant que vos facteurs sont établis et que vous avez commencé à consolider les besoins à court et à long terme de votre entreprise, vous devez créer vos objectifs stratégiques.

Bien que les exigences sectorielles et régionales doivent être prises en considération, vos objectifs de sensibilisation à la sécurité doivent surtout correspondre à la définition de la réussite pour votre entreprise et à ses perspectives d'avenir. En d'autres termes, il n'existe pas de solution unique pour définir des objectifs stratégiques.

Il est essentiel de déterminer clairement votre but. Les objectifs de votre programme stratégique doivent être concrets et tangibles, et non vagues et ambigus.

En décrivant ce que vous avez l'intention de réaliser, vous pourrez obtenir l'adhésion de tous les acteurs clés, y compris les décideurs qui doivent approuver ou financer votre programme et les personnes dont vous souhaitez le soutien pour votre initiative.

IDENTIFIEZ VOS FACTEURS

Notez les facteurs de votre programme de sensibilisation à la sécurité.

1. Identifiez trois à cinq facteurs externes qui peuvent affecter la mise en œuvre de votre programme de sensibilisation. Exemples :
   a. La transition des services informatiques vers des prestataires de services en nuage.
   b. L'adoption de nouvelles technologies pour fournir des produits et des services.
   c. La dépendance accrue à l'égard des partenaires et des prestataires pour la fourniture de produits et de services.
   d. Les lois et les réglementations (nouvelles ou modifiées) dans le domaine de compétence ou dans les régions de la clientèle ciblée.
   e. L'augmentation de la menace contre l'entreprise.

2. Identifiez un à deux facteurs liés à l'industrie qui peuvent affecter la mise en œuvre de votre programme de sensibilisation. Exemples :
   a. Le traitement d'un grand nombre de dossiers avec des informations personnelles.
   b. Les normes de l'industrie et les meilleures pratiques définies pour notre secteur.
   c. Le traitement d'un grand nombre de dossiers contenant des informations financières.
   d. L'organisation est considérée comme une infrastructure essentielle.
   e. L'augmentation de la menace contre le secteur.

3. Identifiez trois à cinq facteurs internes qui peuvent affecter la mise en œuvre de votre programme de sensibilisation. Exemples :
   a. Les exigences en matière de classification et de protection des informations selon les politiques de l'entreprise.
   b. Réduire le risque que les employés soient victimes de cyberattaques.
   c. Créer une culture de sensibilisation à la cybersécurité à tous les échelons de l'entreprise.
   d. Communiquer les exigences et les responsabilités telles que définies dans les politiques de sécurité de l'organisation.
   e. Informer les employés actuels et nouveaux au sujet des cybermenaces et des meilleures pratiques liées à l'utilisation de la technologie.

Définissez les objectifs stratégiques de votre programme

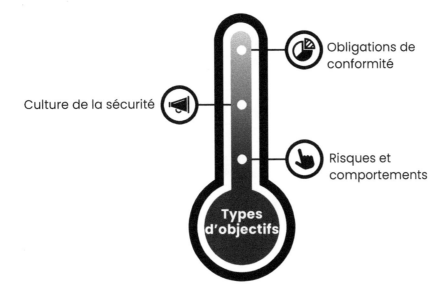

Catégories des objectifs stratégiques du programme

Les objectifs stratégiques de votre programme de sensibilisation à la sécurité peuvent appartenir à l'une ou l'autre de ces trois catégories :

- Les risques et comportements pour réduire les risques et susciter des changements de comportement.
- La culture de la sécurité pour inculquer ou renforcer une culture de la sécurité.
- Les obligations de conformité pour garantir le respect des obligations de sécurité de votre entreprise.

Conseil : Les objectifs du programme doivent être explicitement établis et concrets. Ils vous permettront de planifier stratégique-ment et de concevoir un programme de sensibilisation à la sécu-rité axé sur l'obtention de résultats tangibles.

DÉFINISSEZ LES OBJECTIFS STRATÉGIQUES DE VOTRE PROGRAMME

Quels sont les objectifs stratégiques de votre programme de sensibilisation à la sécurité? Identifiez TOUS les objectifs pertinents :

Risques et comportements

Vos objectifs pourraient être de réduire les risques et de favoriser les changements de comportement, par exemple :

- Réduire les erreurs humaines.
- Appliquer les meilleures pratiques de sécurité.
- Réduire les incidents de sécurité liés aux utilisateurs.
- Apporter des changements positifs dans les comportements et les décisions liés à la sécurité.
- Faire face aux changements rapides dans le monde des menaces contre l'entreprise.

Culture de la sécurité

Vos objectifs pourraient consister à instiller ou renforcer une culture de la sécurité en :

- démontrant l'importance de la sécurité de l'information;
- mobilisant les gestionnaires pour en faire des ambassadeurs de la sécurité et de la sensibilisation;
- changeant l'attitude des utilisateurs à l'égard de la sécurité;
- encourageant les utilisateurs à prendre en compte les conséquences de leurs actions sur la sécurité;
- veillant à ce que les utilisateurs comprennent leurs responsabilités en matière de protection des informations.

3. Conformité

Partout dans le monde, il existe des réglementations de plus en plus contraignantes en matière de sécurité dont vous devez tenir compte; et c'est sans parler des obligations contractuelles que vous pouvez être amené à remplir pour réaliser des activités telles que le traitement des cartes de crédit.

Établir une liste des obligations de conformité pour votre entreprise vous aidera à concevoir un programme ciblé qui répondra à toutes les exigences et évitera tout oubli ou omission. De plus, cette partie du processus vous aidera à trouver les publics cibles spécifiques à inclure dans les différentes campagnes de votre programme de sensibilisation à la sécurité.

Il est essentiel de noter si vos publics cibles ont besoin à la fois d'une formation en matière de conformité et une formation de sensibilisation à la sécurité :

- La formation de sensibilisation spécifique à la conformité couvre les politiques et les procédures requises par la loi en matière d'informations protégées.
- La formation de sensibilisation à la sécurité couvre les politiques et les procédures de sécurité standard pour prévenir, détecter, contenir et résoudre les incidents de sécurité.

Principales obligations de conformité

- Obligations contractuelles
- Réglementation gouvernementale
- Obligations liées à l'industrie
- Services financiers
- Soins de santé
- Fabrication
- Énergie et électricité

- Automobile
- Vente au détail
- Infrastructures essentielles
- Obligations en matière de protection de la vie privée

IDENTIFIEZ VOS OBLIGATIONS DE CONFORMITÉ

Précisez le nom de l'obligation et les exigences essentielles que vous devez inclure lors de la planification de votre programme de sensibilisation à la sécurité. Identifiez toutes les obligations qui s'appliquent à votre entreprise.

- Obligations contractuelles
    - Client
    - Partenaire
    - ISO/IEC 27001:2013 (norme la plus référencée par de nombreux secteurs)
- Réglementation gouvernementale
    - Données personnelles de santé, informations personnelles identifiables
    - RGPD
    - Autre réglementation propre au pays ou à la région
- Obligations liées à l'industrie
    - PCI-DSS
    - NERC
    - HIPAA/HITECH
    - Autre industrie

4. Les publics cibles

Lorsque vous mettez en œuvre un programme de sensibilisation à la sécurité, vous travaillés essentiellement dans le domaine de la gestion du changement, en aidant les personnes à adopter et à appliquer les meilleures pratiques de sécurité dans leur travail quotidien. Plus précisément, vous voulez que chaque collaborateur reconnaisse l'importance de la sensibilisation à la sécurité, comprenne son rôle et participe volontairement à la campagne de sensibilisation.

L'objectif ici est le changement des comportements. Pour y parvenir, vous devez adapter votre langage et votre message à vos interlocuteurs. Si vous voulez susciter l'enthousiasme de tout le monde, vous devez parler le même langage.

Qui sont vos publics cibles?

Toute violation potentielle des données aura des niveaux de gravité différents en fonction de la personne, du rôle ou du service visé dans la hiérarchie de l'entreprise. Comme les connaissances en matière de cybersécurité diffèrent d'une personne à l'autre, il faut alors former la personne responsable des diverses tâches liées à la conformité et à la sécurité en conséquence.

Pensez à toutes les personnes qui occupent des rôles spécialisés au sein de votre entreprise, comme le personnel chargé des comptes clients qui traite les paiements, une unité commerciale qui présente des problèmes de sécurité bien précis ou un employé dont le rôle est normalisé. Il peut s'agir, par exemple, d'une caissière chargée de tâches liées à la conformité PCI DSS ou d'un réceptionniste qui accueille les visiteurs.

Adaptez ensuite les différents parcours de formation en fonction des rôles et responsabilités propres à chacun.

En proposant des formations et des simulations concrètes et pratiques, avec des cas réels où le participant doit répondre de ses erreurs sur le vif, vous faciliterez sa compréhension quant à la pertinence de la leçon.

NOTE IMPORTANTE AU SUJET DES TIERS

Bien que ce ne soit pas votre objectif premier, vous devez également garder à l'esprit tous ceux qui font affaire avec votre entreprise. Les tiers qui peuvent avoir accès à vos informations sensibles, physiquement ou électroniquement, ou ceux qui visitent vos locaux ou travaillent pour vous hors site.

Dans ce livre, j'aborde les tiers de la même manière que ceux qui ont un rôle spécialisé dans votre entreprise.

Vos publics cibles en interne

Personnel de direction

Le personnel de direction et les cadres supérieurs doivent être conscients des risques encourus par leur entreprise afin de pouvoir soutenir et financer les initiatives de sensibilisation à la sécurité. Le personnel de direction doit être prêt au cas où il serait interrogé à cet effet par le conseil d'administration ou le comité consultatif lors d'une réunion au sujet des risques.

Gestionnaires

La sensibilisation des gestionnaires aux risques encourus par l'entreprise doit les inciter à agir en tant qu'ambassadeurs et modèles de la sécurité.

Utilisateurs (personnel général)

Votre programme doit permettre aux utilisateurs de mieux comprendre les menaces à la sécurité et de communiquer les meilleures pratiques et les comportements que vous voulez qu'ils adoptent.

Personnel informatique

La manière dont vous sensibiliserez le personnel informatique à la cybersécurité dépendra des meilleures pratiques de votre entreprise en matière de sécurité de l'information, ainsi que des vulnérabilités du réseau, des systèmes et des applications dans votre environnement.

Postes administratifs spécifiques (personnes au sein des différentes fonctions ou services de votre entreprise)

La sensibilisation à la sécurité de l'information pour des rôles précis dépendra de la structure de votre entreprise, des menaces possibles ou des réglementations à suivre pour ces postes.

En d'autres termes, la question est : qui sont ces personnes et ces services?

La liste suivante constitue un point de départ :

- RH
- Ventes
- Commercialisation
- Juridique
- Finances
- Informatique/développement
- Soutien
- Produit
- Opérations
- Tiers
- Sous-traitants
- Clients
- Autres

Tiers : Autres rôles spécialisés

Sous-traitants

Les sous-traitants doivent être traités comme les employés directs et permanents et doivent être sensibilisés à la sécurité. Il s'agit des travailleurs autonomes, des consultants, des intérimaires, du personnel temporaire ou des prestataires de services qui travaillent pour votre entreprise dans vos locaux ou à l'extérieur.

Partenaires commerciaux

Vous pouvez prendre toutes les précautions nécessaires en matière de sécurité de l'information, mais vos partenaires ou associés font-ils de même? Les partenaires commerciaux doivent avoir le même niveau de sensibilisation à la sécurité afin de garantir que les informations que vous partagez avec eux sont protégées et confidentielles.

Clients

Vous pouvez proposer à vos clients des conseils sur la sécurité des données en guise de valeur ajoutée. Un excellent exemple serait celui d'une banque ou d'un fournisseur de services Internet qui propose des solutions permettant de protéger ses clients contre la fraude et le vol. Cela permettrait également de réduire le nombre d'incidents que l'entreprise doit traiter.

Professeurs d'université et étudiants

Souvent, les professeurs et les étudiants ont accès aux systèmes ou aux travaux de recherches d'une université qui doivent rester confidentiels. Par conséquent, le corps enseignant, le personnel et les étudiants doivent participer aux campagnes de sensibilisation à la sécurité.

Fournisseurs

Une entreprise peut être un endroit très animé. Les fournisseurs vont et viennent tout au long de la journée ou proposent des services spécifiques et il peut y avoir des procédures de sécurité particulières que vous devez leur faire connaître et respecter.

EXERCICE

IDENTIFIEZ VOS PUBLICS CIBLES

Passez en revue les publics cibles décrits dans la section précédente et identifiez tous les publics cibles qui s'appliquent à vous.

Groupes de personnes qui travaillent pour votre entreprise

- Personnel de direction
- Gestionnaires
- Utilisateurs (personnel général)
- Personnel informatique
- Rôles internes spécialisés (personnes travaillant au sein de différents services ou occupant diverses fonctions dans l'entreprise)

Autres rôles spécialisés – Tiers

- Sous-traitants
- Partenaires commerciaux
- Clients
- Professeurs d'université et étudiants
- Fournisseurs

5. Niveau de maturité

L'importance de l'évaluation de la maturité d'un programme de sensibilisation ne peut être sous-estimée dans le cadre des processus de développement et de stratégie. Cette évaluation influencera l'efficacité, la productivité, les niveaux de risque et le plafond de performance global des campagnes de sensibilisation à la sécurité qui en résulteront.

Terranova Security adhère au Modèle intégré d'évolution des capacités (CMMI) pour rationaliser l'amélioration des processus et encourager la croissance et le développement continus des programmes. Le modèle CMMI permet aux entreprises de toutes tailles d'améliorer leurs performances et les répartit dans les catégories suivantes :

Niveau 0 : Incomplet

À ce niveau de maturité, l'entreprise a atteint le résultat souhaité ou non en fonction des processus mis en place (ou de leur absence). Cet état procédural découle de l'absence d'objectifs et, si des processus sont en place, ils ne répondent pas aux besoins de l'entreprise ou à son mandat actuel.

Niveau 1 : Initial

Ce niveau de maturité est souvent associé à des processus préventifs et des initiatives réactives. À ce stade, l'environnement de travail d'une entreprise peut sembler imprévisible ou instable, les projets achevés étant souvent retardés et livrés de manière désordonnée. En conséquence, l'inefficacité et les niveaux de risque correspondants augmentent considérablement.

Niveau 2 : Géré

Les eaux de la gestion de projet deviennent beaucoup moins agitées lorsqu'une entreprise atteint ce niveau de maturité. Même s'il reste des problèmes d'efficacité et de performance à résoudre, l'entreprise planifie et contrôle de plus en plus les projets, et la performance est davantage mesurée. De ce fait, les niveaux de risque diminuent, mais ne disparaissent pas complètement.

Niveau 3 : Défini

Atteindre cet état garantit que la gestion du projet d'une entreprise a pris un tournant et est devenue plus proactive que réactive. En général, les normes et politiques de l'entreprise fournissent les grandes orientations des différents programmes et portefeuilles. Les entreprises comprennent également mieux leurs objectifs, leurs domaines d'amélioration et la manière dont ces derniers peuvent les aider à mieux atteindre les premiers.

Niveau 4 : Géré sur le plan quantitatif

À ce niveau de maturité, les processus d'une entreprise sont à des niveaux de contrôle et de mesure proactifs, quasi optimaux. Grâce aux données quantitatives, nous pouvons définir les actions et les initiatives qui répondent le mieux aux besoins et aux objectifs des différentes équipes et parties prenantes. Grâce à ces informations fondées sur des données, l'entreprise peut repérer plus facilement les faiblesses et éviter les risques qui en découlent.

Niveau 5 : Optimisation

À ce stade, les processus d'une entreprise forment une machine bien huilée; ils sont durables, sûrs et suffisamment souples pour s'adapter au marché et aux changements internes. À partir de là, les processus s'amélioreront continuellement, en réagissant aux problèmes de performance mineurs dans un esprit d'innovation agile.

De nombreuses entreprises commencent par les niveaux de maturité inférieurs. À ces niveaux, la sensibilisation à la sécurité est généralement axée sur les mesures tactiques à prendre pour sécuriser les activités de l'entreprise ou répondre aux mandats de conformité réglementaire. Les entreprises reconnaissent généralement les risques commerciaux dus aux vulnérabilités des utilisateurs, mais ne disposent pas de politiques ou de procédures de sécurité clairement définies.

À ces stades, la plupart des activités de sensibilisation à la sécurité sont réactives. Elles se produisent en réponse à des incidents, plutôt que de découler d'un programme proactif aux objectifs clairs. Dans la plupart des entreprises ayant un faible niveau de maturité, la responsabilité de la sensibilisation à la sécurité est confiée à un analyste de la sécurité informatique, avec peu d'implication ou d'adhésion de la part du personnel de direction. À mesure que la maturité augmente, les entreprises commencent à intégrer la sécurité de l'information dans la culture de l'entreprise. Les politiques et procédures de sécurité sont documentées et révisées, avec des mécanismes de diffusion adéquats qui permettent la sensibilisation et la conformité. Les entreprises ayant un niveau de maturité moyen gèrent généralement les activités de sensibilisation de manière centralisée, en exploitant des solutions de formation et de simulation d'hameçonnage. À maturité élevée, les entreprises maîtrisent les besoins en matière de sensibilisation à la sécurité, sont réactives face à l'évolution des menaces, suivent un programme solide et évaluent les performances de ce programme. L'entreprise collecte les données de mesure du programme de sensibilisation à la sécurité, les passe en revue et les met à jour régulièrement. La sécurité de l'information est ancrée dans la culture de l'entreprise, jouissant d'un taux de participation élevé, du soutien de la direction et d'activités orchestrées à tous les niveaux de l'entreprise.

Quel que soit le niveau de maturité de votre programme de sensibilisation à la sécurité, le cadre de sensibilisation à la sécurité en cinq étapes de Terranova Security vous permet de disposer d'un plan directeur pour créer et déployer des initiatives qui ont du sens pour votre entreprise. Les étapes du plan directeur proviennent de méthodologies éprouvées du changement de comportement, alors vos initiatives de sensibilisation soutiendront les objectifs de votre entreprise et vous permettront de faire évoluer vos pratiques de sécurité de l'information afin de répondre aux normes régionales et industrielles, ainsi qu'à toutes les autres normes en vigueur.

Pour confirmer le niveau de maturité du programme, vous pouvez évaluer le niveau de connaissance, le comportement et la culture de votre entreprise à l'aide de questionnaires (sondages) et déterminer votre point de départ au moyen d'une simulation d'hameçonnage.

MATURITÉ DU PROGRAMME DE SENSIBILISATION À LA SÉCURITÉ

Le niveau de maturité de votre programme de sensibilisation à la sécurité est le premier indicateur clé de ce que vous devriez peut-être faire pour créer une culture reflétant des comportements sûrs au sein de votre entreprise.

Quelles sont les étapes de l'élaboration d'un programme de sensibilisation?
- Analyser les comportements et les connaissances des utilisateurs (par exemple, par un sondage, une simulation d'hameçonnage).
- Consulter les parties prenantes de l'entreprise.
- Obtenir les informations issues des évaluations et des audits internes.
- Passer en revue les mesures de qualité internes (par exemple, les rapports d'incidents).
- Passer en revue les rapports de sécurité publique.

Quel est le public concerné par votre programme?
- Utilisateurs actuels
- Nouveaux employés
- Employés temporaires
- Partenaires et fournisseurs
- Clients

Quels sont les services qui contribuent à la mise en oeuvre de votre programme de sensibilisation?
- Sécurité informatique
- RH
- Communication
- Gestion du changement
- Juridique/Bureau de conformité

Comment diffuser la formation en fonction de votre public?
- Formation générale pour tous les employés
- Formation ciblée selon la fonction occupée (par exemple, RH, TI)
- Formation ciblée en fonction de la technologie ou de l'exposition au risque
- Formation des gestionnaires
- Formation des cadres

suite...

Quelles activités font partie de votre programme de sensibilisation?
- Apprentissage en ligne
- Simulations d'hameçonnage
- Tests par piratage psychologique (largage de clés USB, hameçonnage vocal, talonnage)
- Articles/blogues/vidéos
- Écrans de veille/image sur ordinateur

Quels éléments incluez-vous dans votre programme de sensibilisation?
- Meilleures pratiques
- Politiques de l'entreprise
- Jeux et exercices d'apprentissage
- Cas issus de la vie réelle
- Instructions pour le signalement des incidents

Quel type de mesures recueillez-vous?
- Participation à l'apprentissage en ligne
- Rétention des connaissances (par exemple, au moyen d'un questionnaire)
- Comportements des utilisateurs (par exemple, simulations, observations)
- Multirécidivistes
- Appréciation du contenu par le public

Comment assurez-vous le suivi des comportements de l'utilisateur?
- Conséquences négatives pour un comportement risqué
- Conséquences positives pour un comportement sûr
- Fournir une rétroaction en temps voulu
- Communiquer les comportements risqués à tout le monde
- Communiquer les comportements sûrs à tout le monde

Comment utilisez-vous les paramètres collectés pour expliquer la performance du programme?
- Compte-rendu au gestionnaire du programme de sensibilisation
- Compte-rendu au parrain du programme de sensibilisation
- Compte-rendu au comité exécutif de sécurité
- Compte-rendu aux chefs de service
- Compte-rendu au public du programme

suite...

Quelles mesures prenez-vous pour optimiser votre programme?
- Examen des rapports par rapport aux objectifs.
- Optimisation au moins une fois par an.
- Ajustement du programme en fonction des commentaires des parties prenantes.
- Évaluation de l'ensemble des risques qui affectent l'entreprise.
- Respect des changements de politiques, de lois et d'exigences contractuelles.

6. Niveau de connaissance et de comportement

Sondages | Simulations d'hameçonnage | Analyse des risques et rapports d'audit | État de conformité

Le parcours d'apprentissage le plus efficace sera conçu pour combler les lacunes de chaque public cible. C'est pourquoi il est essentiel d'avoir une idée de la connaissance et de la compréhension de chaque public cible concernant la sécurité.

Vous pourrez ainsi leur transmettre de nouvelles connaissances qui les inciteront à modifier leurs comportements. Après tout, l'acquisition de nouvelles connaissances est le fondement du changement.

Votre prochaine tâche consiste à mesurer le niveau de connaissances de chaque public cible et à découvrir ses éventuelles lacunes. En faisant cela, vous vous assurerez de choisir des thèmes de sensibilisation à la sécurité qui conviennent aux besoins réels de votre entreprise. Vous pourrez ainsi concevoir un contenu de cours efficace qui modifiera le comportement actuel.

Pour confirmer votre choix de thèmes et prendre une décision définitive sur le contenu, il est essentiel de comparer vos hypothèses à la réalité du terrain. Vos « hypothèses » sont les thèmes que vous avez énumérés par public cible dans l'exercice précédent.

Mesurer le niveau de connaissance de votre public cible

Pour évaluer le niveau actuel de connaissances de vos publics cibles, vous pouvez utiliser différentes sources d'information :

- Questionnaires
- Simulations : hameçonnage, hameçonnage vocal, hameçonnage par texto, etc.
- Analyse des risques et rapports d'audit
- Rapports sur l'état de conformité

Questionnaires

Vous pouvez créer des questionnaires sous forme de jeux ou de sondages.

Vous pouvez utiliser des sondages pour évaluer les comportements des utilisateurs, comprendre la culture et recueillir des opinions sur certains thèmes (par exemple, les thèmes d'intérêt, la méthode d'apprentissage préférée, etc.)

Vous pouvez utiliser un questionnaire d'évaluation de la sensibilisation pour vous aider à déterminer les forces et les faiblesses de vos publics cibles. Le questionnaire peut révéler leurs connaissances en matière de sécurité et les écarts entre leurs habitudes actuelles et les meilleures pratiques de sécurité souhaitées.

En remettant un questionnaire spécifique à chaque groupe cible (utilisateurs, gestionnaires, personnel informatique, autres rôles spécialisés) vous pourrez adapter votre programme aux besoins de chaque groupe et donner la priorité au contenu qui répond directement aux éventuelles lacunes. Faites correspondre vos questions au champ d'application et aux thèmes que vous avez sélectionnés dans la section précédente.

Les simulations d'hameçonnage

Une autre façon d'évaluer la vigilance de votre public cible à l'égard des cybercrimes et des escroqueries consiste à effectuer des simulations d'hameçonnage. En fait, vous testez leur niveau de sensibilisation en secret. Les simulations d'hameçonnage offrent un moyen rapide et efficace de mesurer la vulnérabilité des employés et la gravité du risque pour votre entreprise.

L'hameçonnage désigne les cyberattaques visant à obtenir des informations confidentielles par le biais de courriels et de sites Web frauduleux. Ce qui rend ce type d'attaque si efficace, c'est sa complexité croissante et le manque général de sensibilisation ou de compréhension des principaux signaux d'alerte.

Le problème est que n'importe qui peut lancer des attaques d'hameçonnage. Elles nécessitent peu de travail au-delà d'une recherche rapide sur Google pour trouver les noms et les rôles des employés d'une entreprise et peuvent facilement passer inaperçus.

Créer une base de référence pour l'hameçonnage

Nous recommandons toujours de faire une simulation initiale à l'étape 1 – Analyser, afin d'établir une base de référence à des fins de comparaison après le déploiement d'une campagne de sensibilisation à la sécurité. Par exemple, la plupart des entreprises avec lesquelles nous travaillons et qui effectuent des simulations d'hameçonnage, connaissent un taux d'échec de 20 à 30 % la première fois. (Cela signifie que 20 à 30 % des utilisateurs cibles ont cliqué sur le faux lien!) Après la formation, l'entreprise lance une autre simulation d'hameçonnage, dans l'espoir de voir un taux d'échec plus faible.

Des simulations récurrentes sont nécessaires pour réduire le taux au niveau souhaité. Souvenez-vous, la sensibilisation à la sécurité n'est pas un projet, mais plutôt un processus continu.

Étant donné que de nombreuses personnes sont victimes de ce type d'attaque, il est essentiel de comprendre comment fonctionnent les menaces d'hameçonnage et d'apprendre à repérer les tactiques courantes. Ces connaissances font partie intégrante de tout programme efficace de sensibilisation à la sécurité. Voici quelques exemples.

Courriel ou message texte. L'attaque d'hameçonnage la plus élémentaire consiste en un courriel ou un message texte qui semble provenir d'une source légitime. Ce type d'attaque ne se produit pas seulement au travail. Il est également fréquent que ces messages se retrouvent dans des boîtes de réception personnelles.

Piratage psychologique. À partir d'informations glanées sur les médias sociaux ou par d'autres moyens, les attaques par piratage psychologique utilisent un langage spécifique pour inciter leurs cibles à divulguer des informations sensibles. Ces messages peuvent désigner des collègues par leur nom ou utiliser un autre type d'information qui les fait paraître dignes de confiance, ce qui augmente considérablement les chances d'obtenir une réponse à leur demande.

La fraude par personnification d'un chef de la direction est une forme particulièrement dangereuse d'hameçonnage. Comme son nom l'indique, le criminel se fait passer pour le chef de la direction d'une entreprise et demande à un employé de répondre à une demande urgente. La victime, qui veut bien faire et se montrer sous son meilleur jour devant son supérieur, ne tient pas compte des signaux d'alarme et transmet les informations requises.

Ce type d'attaque ne compromet pas seulement les informations personnelles; elle peut entraîner des pertes financières directes. Ces attaques, qui peuvent consister en une fausse facture ou une demande de virement sur un compte différent, peuvent facilement passer inaperçues et avoir des conséquences dévastatrices. Les services comptables connaissent rarement la raison qui justifie une facture.

Rançongiciel. Un rançongiciel est un type de logiciel malveillant et de cybercrime qui vise à détenir des données en échange d'une rançon. La victime doit payer une rançon pour récupérer l'accès aux données des réseaux informatiques, des appareils mobiles et des serveurs verrouillés.

Les pirates mènent ces attaques en installant un logiciel vecteur de rançongiciel qui prend le contrôle de l'ordinateur et s'infiltre dans l'ensemble du réseau informatique, verrouillant ainsi l'accès de chacun à son ordinateur, au réseau et aux autres systèmes connectés.

L'objectif du rançongiciel est de convaincre la victime à payer pour faire débloquer ses données. Généralement, les criminels à l'origine des attaques par rançongiciel demandent un paiement en cryptomonnaie, car celle-ci est quasi impossible à retracer. Une fois le paiement sécurisé, la victime devrait recevoir un code de déverrouillage ou un fichier de décryptage qui libère les données sur le réseau informatique, l'appareil mobile ou les serveurs.

Attaque par mystification. Ces attaques utilisent une composante technologique comme un site Web modifié ou un logiciel malveillant pour se faire passer pour un site de confiance. Les sites Web les plus falsifiés sont les pages de connexion des réseaux sociaux et des fournisseurs de messagerie les plus populaires. Ces pages ont souvent un aspect assez simple, facile à reproduire, et sont consultées si souvent que les utilisateurs ne les regardent presque plus. Lorsque les utilisateurs saisissent leurs données d'accès, ces informations sont transmises au pirate. Souvent, la victime ne se rend pas compte de son erreur, même après avoir donné ses données, ce qui rend ces attaques difficiles à détecter.

Les points d'accès Wi-Fi frauduleux déployés dans des lieux publics comme les aéroports, les cafés et les centres commerciaux constituent une autre menace courante. Il suffit de rejoindre un réseau Wi-Fi frauduleux pour qu'un pirate prenne le contrôle total d'un ordinateur et de toutes ses données. Comme de plus en plus de travailleurs effectuent leurs tâches à distance, ce type d'attaque va probablement gagner en popularité.

Les tentatives d'hameçonnage touchent tous les jours les entreprises et les particuliers. La bonne nouvelle est que, même si ces attaques sont très répandues, elles peuvent être facilement évitées en modifiant le comportement des utilisateurs.

Petit aperçu des comportements à risque des utilisateurs

L'objectif d'un programme de sensibilisation à la cybersécurité est de modifier les principaux comportements à risque qui engendrent des piratages réussis. La connaissance de ces comportements vous permettra d'identifier ceux qui sont les plus présents au sein de votre entreprise afin de pouvoir les aborder de manière adéquate.

Téléchargement des pièces jointes

Les gens sont de plus en plus enclins à cliquer sur des pièces jointes ou à les télécharger sans examiner de près le fichier ou le lien. Cette action rapide peut entraîner le téléchargement automatique d'un logiciel malveillant, qui infecte l'ordinateur et les systèmes ou réseaux connectés.

Il est essentiel de ne pas s'arrêter uniquement au titre du fichier; il faut vérifier l'extension du fichier avant de télécharger une pièce jointe. Les pirates tentent souvent de nommer un fichier exécutable de manière discrète, par exemple « Rapport sur les bénéfices du premier trimestre », afin que l'utilisateur l'ouvre.

Faire confiance aux Sites Web et courriels

Qu'il s'agisse de cliquer sur un bouton ou de saisir un mot de passe, les utilisateurs doivent rester prudents. Une action simple comme la mise en évidence d'une URL pour vérifier sa légitimité peut éviter la plupart des problèmes. Une logique similaire devrait être utilisée lorsqu'un nom d'utilisateur et un mot de passe sont saisis sur un site Web; vérifier que l'adresse URL est réelle peut empêcher la plupart des attaques malveillantes.

Partage d'informations confidentielles
personnelles et organisationnelles

Les gens passent une grande partie de leurs journées en ligne, ce qui signifie que le partage d'informations par voie numérique est devenu une seconde nature. À tel point qu'elle a conduit à des situations dangereuses telles que le partage d'informations financières personnelles et d'informations sur l'entreprise au format texte par courrier électronique. Si les utilisateurs comprennent que les institutions financières ne demandent jamais ce type d'informations par courrier électronique et que toute transaction organisationnelle est assortie d'un processus d'approbation intégré, le partage d'informations inappropriées sera évité.

Négligence face à la sécurité physique des actifs

Comme les travailleurs passent de plus en plus de temps hors du bureau, les risques de perte ou de vol d'appareils continuent d'augmenter. Cette tendance peut devenir exponentiellement plus dangereuse si les utilisateurs conservent des informations confidentielles sur leurs disques physiques. Ce risque peut s'atténuer en mettant en place une politique ferme de stockage des données en nuage pour les documents sensibles de l'entreprise.

Utilisation de mots de passe faibles

Bien que la violation initiale puisse se produire par le biais d'une tentative d'hameçonnage comme celles décrites précédemment, une telle violation de sécurité peut être limitée à ce seul compte si les utilisateurs ont des mots de passe forts et uniques pour chaque compte. Le véritable danger vient de la répétition des mots de passe.

Un autre problème courant est celui des mots de passe faibles. De nombreuses personnes choisissent des mots de passe faciles à retenir, comprenant souvent des informations personnelles comme leur date d'anniversaire ou le nom d'un animal de compagnie. Non seulement les mots de passe obtenus ne sont souvent pas assez longs pour être sûrs, mais ils sont également faciles à deviner par piratage psychologique et d'autres tactiques employées par les cybercriminels.

Modèle de simulations d'hameçonnage utilisées pour évaluer les connaissances actuelles en matière de sensibilisation à la sécurité

Tableau de bord de l'hameçonnage illustrant les endroits où votre entreprise est à risque

Résumé des actions des destinataires

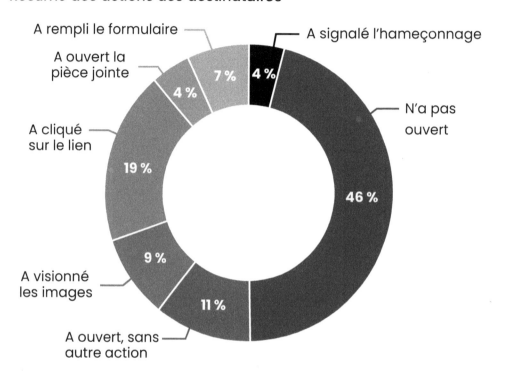

A rempli le formulaire

A ouvert la pièce jointe

A signalé l'hameçonnage — 4 %

7 %

4 %

A cliqué sur le lien

N'a pas ouvert

19 %

46 %

A visionné les images

9 %

11 %

A ouvert, sans autre action

L'avantage d'utiliser un logiciel de simulation d'hameçonnage, tel que ceux que nous avons créés chez Terranova Security, est qu'il fournit un rapport détaillé intégré qui vous permet d'analyser les résultats et d'avoir des preuves tangibles des faiblesses de votre sécurité.

ANALYSE DES RISQUES ET RAPPORTS D'AUDIT

Toutes les entreprises et les organisations, et même vous, sont sous la menace constante d'une cyberattaque. Des rapports d'analyse des risques actualisés permettront d'identifier les comportements à risque au sein de votre entreprise (par exemple, le partage de mots de passe ou le téléchargement de documents Web) qui ont entraîné des incidents de sécurité. À son tour, cette analyse vous aidera à définir les objectifs de votre programme de sensibilisation à la sécurité.

Lorsque vous effectuez votre analyse, vous devez compiler et évaluer :

- tous les incidents de sécurité survenus au cours de l'année écoulée ou depuis votre dernière campagne de sensibilisation à la sécurité;
- les tickets du centre d'assistance (par exemple, les infections par des logiciels malveillants et des attaques d'hameçonnage); et
- les rapports d'incidents de sécurité matérielle (par exemple, vol et perte d'appareils, passage en double).

Dressez une liste de tous vos publics cibles, puis indiquez les sondages, les questionnaires et les simulations d'hameçonnage que vous devez prévoir pour chacun d'eux.

- Personnel de direction
  - Sondages
  - Simulations d'hameçonnage
  - Entrevues
  - Autres

- Gestionnaires
  - Sondages
  - Simulations d'hameçonnage
  - Entrevues
  - Autres

- Utilisateurs
  - Sondages
  - Simulations d'hameçonnage
  - Entrevues
  - Autres

RAPPORTS SUR L'ÉTAT DE CONFORMITÉ

Si vous avez fait tous les exercices du livre de manière séquentielle, vous avez déjà répertorié toutes les obligations de conformité auxquelles votre entreprise doit se conformer.

Les obligations de conformité peuvent être réglementaires, contractuelles, sectorielles, financières ou liées à la vie privée. Nombre d'entre elles exigent des évaluations annuelles ou des rapports sur l'état de conformité. Ce sont des outils essentiels pour trouver les faiblesses spécifiques qui doivent être corrigées. Certaines, comme la norme PCI DSS ou le RGPD, exigent une formation de sensibilisation à la conformité.

- Dressez une liste de tous les rapports pertinents concernant les incidents ou menaces à la sécurité de votre entreprise ou de votre secteur.
  - Rapports de recherche publics
    - Les rapports de recherche des entreprises de sécurité identifient les comportements qui conduisent à des incidents de sécurité de l'information.
  - Rapports d'audit interne
  - Rapports d'audit externe
  - Rapports de conformité
    - SOC 2 Type 2
    - Série ISO 27000
    - NIST CSF

  Conseil : Le programme de sensibilisation à la sécurité le plus efficace est celui conçu pour combler les lacunes de chaque personne et de chaque public cible.

- Dressez la liste de toutes les obligations de conformité de votre entreprise et de tous les rapports d'état de conformité disponibles.

7. Motivation et culture

Motivation intrinsèque

Motivation extrinsèque

Absence de motivation

Dans quelle mesure les personnes sont-elles motivées à changer leur façon de faire et à adopter les meilleures pratiques pour protéger votre entreprise contre les cyberattaques?

Lorsqu'une personne reçoit des informations sur le risque, son cerveau les analyse à deux niveaux (plus ou moins consciemment) :

1. La menace est-elle crédible? Ce risque me concerne-t-il?
2. Puis-je mettre en œuvre les recommandations? Est-ce que je me sens capable de le faire?

Pour changer un comportement, une personne doit le vouloir; elle doit être motivée.

Être motivé se résume à percevoir plus d'avantages que de désavantages. Si mon changement de comportement me permet de réduire le risque de blessure (avantage), mais qu'il entraîne également une perte de temps et une baisse de productivité (inconvénients), je ne modifierai probablement pas mon comportement.

Vous vous rappelez de l'exemple du port de la ceinture de sécurité par les conducteurs? Certains conducteurs sont motivés par le port de la ceinture de sécurité parce qu'ils pensent qu'elle peut leur sauver la vie. Cet avantage les motive énormément. D'autres conducteurs ne adhèrent pas, même si vous essayez de les convaincre de s'attacher, car ils considèrent que les inconvénients, comme l'inconfort, sont supérieurs aux avantages possibles.

Vous rencontrerez certainement un éventail de niveaux de motivation au sein de votre entreprise. C'est tout à fait normal. Certaines personnes sont motivées et d'autres ne le sont pas. C'est un comportement humain typique, et vous devrez composer avec les différences.

C'est exactement la raison pour laquelle un plan de communication solide est essentiel à la réussite de votre programme. Vendre vos initiatives de sensibilisation à la sécurité aux divers publics est tout aussi important que de les déployer, car cela permet de promouvoir l'intérêt de changer de comportements. Plus important encore, cela aide les personnes à penser d'abord à la sécurité.

Plus vos campagnes de sensibilisation à la sécurité sont nombreuses et fréquentes, plus une communication de renforcement claire et engageante devient importante.

Cela nous concerne tous

L'un de nos clients, une petite entreprise située à quelques heures d'un grand centre urbain, compte environ 200 employés. Cette entreprise est un employeur essentiel dans la région; la population locale en dépend et elle dépend de la population locale. Ils nous ont demandé de l'aide et, ensemble, nous avons organisé un dîner-conférence pour tous les employés.

Compte tenu de la culture bien ancrée de cette entreprise, il serait extrêmement difficile d'imposer des changements de comportement pour réduire les risques de sécurité auxquels l'entreprise est confrontée.

Cependant, si les employés modifient leur comportement dans leur vie personnelle pour se protéger, ils adopteront instinctivement les mêmes bonnes pratiques au travail. Grâce aux panneaux indicateurs de danger discutés pendant le dîner-conférence, les invités prenaient le temps de réfléchir en se disant : « Attendez une seconde, ça n'a pas l'air normal. »

Comprendre le rôle de la motivation

La motivation est essentielle et sert à influencer le changement de comportement. Vous devez donner à votre public cible l'envie de participer.

Lors de la mise en œuvre de votre programme et de vos campagnes de sensibilisation à la sécurité, vous pourriez vous heurter à la résistance de vos publics cibles, surtout si une partie de votre campagne nécessite des exercices sans rapport avec leur travail. Vos interlocuteurs risquent, par conséquent, de sous-estimer leurs responsabilités et les conséquences de leurs actions sur la sécurité informatique globale de l'entreprise.

Plusieurs raisons peuvent expliquer pourquoi vos publics cibles ne sont pas motivés et ne veulent pas participer à votre programme de sensibilisation à la sécurité :

- La formation n'est pas obligatoire.
- L'importance de la sécurité n'est pas communiquée de manière adéquate.
- Ils pensent déjà tout savoir.
- Ils croient perdre leur temps.
- Ils ont une lourde charge de travail.
- Ils ne comprennent pas les avantages.
- Des restrictions syndicales existent.
- Le changement ne les intéresse pas.

Voulez-vous savoir s'il y a une marge d'erreur dans l'entreprise ? Supposons qu'un employé se rende compte qu'il a fait une erreur (par exemple, en cliquant sur un lien frauduleux). Va-t-il essayer de camoufler son erreur par peur des répercussions ou, au contraire, va-t-il en informer son supérieur hiérarchique? Le supérieur hiérarchique et lui essaieront-ils de trouver une solution ensemble et de faire en sorte d'éliminer ce comportement?

La culture d'entreprise influence également la motivation.

ÉVALUER LA MOTIVATION

La motivation joue un rôle fondamental dans votre programme de sensibilisation à la sécurité. Vous devez donc déterminer :

- Dans quelle mesure vos publics cibles sont-ils motivés par votre programme de sensibilisation à la sécurité?
- Comment pouvez-vous les encourager lorsque la motivation est faible (absence de motivation)?

Créez un groupe de travail avec des personnes provenant de différents services afin de discuter et de trouver des solutions aux éléments qui ressortiront du sondage. Ces personnes deviendront plus tard d'excellents ambassadeurs du changement. Souvent, l'erreur commise lorsqu'on veut implanter un changement est de penser que seule la haute direction est concernée. Au contraire, nous avons tout intérêt à inclure des personnes de différents niveaux hiérarchiques et ayant des points de vue et des expériences variées.

Objectifs du sondage

Ce sondage mettra en lumière deux éléments clés :

1. Le nombre d'employés (pourcentage) de votre public cible qui ne se sent pas obligé de participer aux activités de sensibilisation (absence de motivation).

2. Les facteurs de motivation de ceux qui se sentent obligés de participer. Croient-ils que les activités de sensibilisation seront bénéfiques (motivation intrinsèque)? Répondent-ils simplement aux attentes? Respectent-ils juste les obligations de l'entreprise (motivation extrinsèque)?

Suggestion de texte pour un sondage

« Notre entreprise déploie un nouveau programme de sensibilisation à la sécurité afin de mieux protéger nos employés contre les escroqueries par hameçonnage, les logiciels malveillants et autres cybermenaces. »
Veuillez nous dire ce que vous pensez des énoncés suivants :

1. Je participerais à ce programme de sensibilisation à la sécurité, car il est à la fois intéressant et bénéfique pour moi et pour l'entreprise.

suite...

2. Je participerais au programme de sensibilisation à la sécurité par obligation.

3. Il y a peut-être de bonnes raisons de participer à cette activité, mais je n'en vois aucune.

Notation et interprétation de vos résultats

Les résultats collectés à l'aide de ce type de questions permettront de mettre en évidence l'un des schémas suivants :

1. Une majorité de personnes d'accord avec la question numéro 1 vous indique une motivation intrinsèque – *motivées/voit les avantages.*

2. Une majorité de personnes d'accord avec la question numéro 2 vous indique une motivation extrinsèque – *motivées/obligées.*

3. *Une majorité de personnes d'accord avec la question numéro 3 vous indique une absence de motivation – pas motivées/pas intéressées.*

La portée de votre programme de sensibilisation à la sécurité dépendra du pourcentage de la motivation intrinsèque par rapport à la motivation extrinsèque, par rapport au motif parmi vos publics cibles.

Plus le pourcentage d'absence de motivation est élevé, plus vous devrez faire preuve d'efforts et de créativité pour motiver la participation.

Considérations basées sur les résultats de votre sondage de motivation

- Les personnes ayant un score élevé sur l'échelle de *motivation intrinsèque* sont disposées à apprendre de nouvelles compétences et de nouveaux comportements. Elles sont convaincues que la formation est utile et seront les premières à compléter le programme. Sélectionnez ces utilisateurs comme promoteurs de la sensibilisation à la sécurité ou comme participants à l'essai pilote, dont nous parlerons plus en détail ultérieurement.

Motivation de l'utilisateur

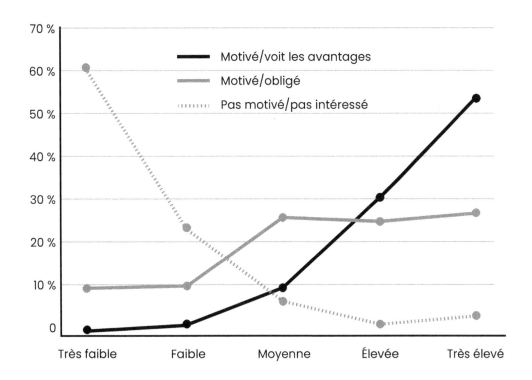

- Les personnes qui sont *motivées de manière extrinsèque* se conformeront si les activités d'apprentissage sont obligatoires ou si une forme de récompense est impliquée. Pensez à des moyens amusants de les récompenser pour leur participation (par exemple, un chèque-cadeau dans un café, des articles promotionnels). Vous pouvez également essayer d'utiliser la ludification pour les faire participer davantage, en créant des concours entre les personnes ou les services par exemple.

- Les personnes qui obtiennent un score élevé sur l'échelle d'*absence de motivation* ne comprennent pas l'importance de mettre en œuvre un programme de sensibilisation à la sécurité ou de suivre les meilleures pratiques. Elles ignorent peut-être qu'elles sont responsables de la protection des actifs informationnels. Ces personnes posent des questions telles que : « Qu'est-ce que j'y gagne? » Votre défi sera de leur montrer ce qu'elles peuvent en tirer.

8. Portée de votre programme (thèmes)

Dans cette partie de l'étape 1 – Analyser, vous déterminerez les thèmes que vous aborderez dans chaque campagne pour l'ensemble de l'entreprise ou pour chacun de vos publics cibles.

Principaux éléments d'une prise de conscience efficace

- Les thèmes doivent être pertinents pour la personne.
- Les thèmes doivent avoir un rapport avec les activités quotidiennes.
- Un niveau de langage familier et compréhensible doit être utilisé.
- Le format utilisé pour transmettre votre message doit être attrayant et intéressant.
- Vous devez présenter les informations sous forme de segments faciles à apprendre et à retenir.

- Pour une rétention maximale, fournissez votre matériel de sensibilisation dans toutes les langues officielles de votre entreprise.
- Répétez, répétez, répétez.

En utilisant tous les résultats de vos questionnaires sur les connaissances, le comportement et la culture, ainsi que les résultats des simulations d'hameçonnage, vous pouvez déterminer les menaces à aborder et les comportements à changer. Voici quelques tableaux qui peuvent vous aider à choisir :

Hameçonnage basé sur le risque

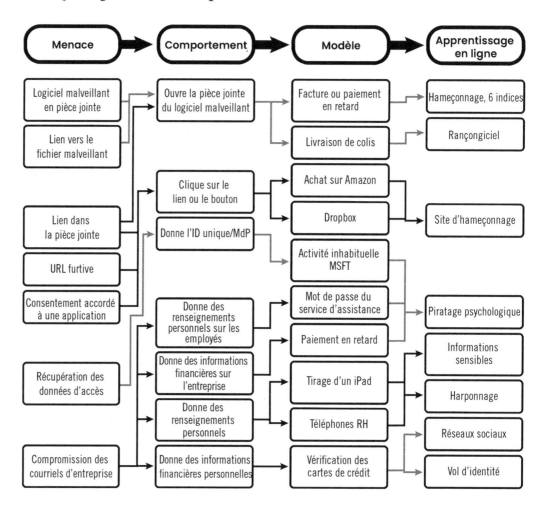

THE HUMAN FIX TO HUMAN RISK

Campagnes de sensibilisation fondées sur les risques

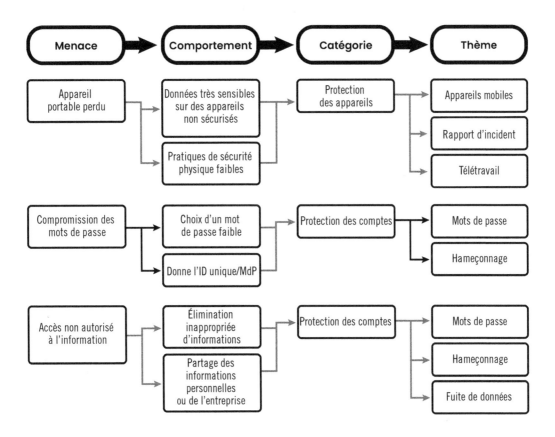

Détermination des thèmes par public

Une fois que les menaces, les comportements et les thèmes à aborder sont établis, vous pouvez aller un peu plus loin et les classer par public.

Au cours des deux dernières décennies, l'équipe de Terranova Security et moi-même avons vu toutes les situations imaginables en matière de sensibilisation à la sécurité. Cette expérience nous a permis de nous concentrer sur les thèmes pertinents pour chaque public cible et d'identifier les domaines dans lesquels nous devons corriger les comportements à risque et renforcer la vigilance en matière de sécurité. J'ai énuméré les plus importantes ci-dessous.

Personnel de direction

Le personnel de direction et les cadres supérieurs doivent être conscients des risques pour votre entreprise afin de pouvoir soutenir et financer les initiatives de sensibilisation à la sécurité.

Sujets à prendre en compte :

- les risques et les menaces auxquelles l'entreprise est confrontée;
- l'utilisation sécurisée de la technologie mobile;
- le traitement sécurisé des informations sensibles;
- les attaques et escroqueries typiques visant la direction; et
- les obligations de votre entreprise en matière de sécurité et de sensibilisation.

Gestionnaires

En sensibilisant les gestionnaires aux risques auxquels votre entreprise est confrontée, vous devez aussi les mobiliser pour qu'ils agissent en tant qu'ambassadeurs, promoteurs et modèles de la sensibilisation à la sécurité.

Sujets à prendre en compte :

- les thèmes mentionnés précédemment pour la direction et les cadres supérieurs (ou des variantes de ceux-ci);
- une vue d'ensemble de la sécurité de l'information et de la gouvernance;
- un aperçu de l'environnement de sécurité de l'information de votre entreprise et du programme de sensibilisation à la sécurité que vous proposez;

- un aperçu des contrôles de sécurité informatique; et
- la responsabilité des gestionnaires en matière de mise en œuvre des politiques et des normes de sécurité.

Utilisateurs (personnel général)

Votre programme doit permettre de mieux comprendre les menaces à la sécurité et de communiquer les meilleures pratiques et les comportements que vous voulez que votre personnel adopte.

Sujets à prendre en compte :

- la sécurité de l'information et vie privée;
- les éléments essentiels de la sécurité (création de mots de passe, utilisation du courrier électronique, logiciels malveillants);
- les bases de l'utilisation de l'Internet (médias sociaux, navigation sécurisée, informatique en nuage);
- les techniques courantes d'hameçonnage et de piratage psychologique, et les cyberattaques;
- le traitement sécurisé des informations sensibles et de la technologie mobile;
- la sécurité physique et le principe de la mise en sécurité des documents; et
- la classification et la gestion de l'information.

Personnel informatique et développeurs

La manière dont vous sensibiliserez le personnel informatique à la sécurité informatique dépendra des meilleures pratiques de votre entreprise en matière de sécurité de l'information, ainsi que des vulnérabilités du réseau, des systèmes et des applications dans votre environnement.

Sujets à prendre en compte :

- un aperçu de la sécurité des réseaux;
- des développements sécurisés;
- l'Open Web Application Security Project (OWASP);
- un aperçu de la sécurité des applications;
- les attaques de réseaux et d'applications partagées;
- le cycle de développement du système (CDS) et le codage sécurisé;
- le cadre de sécurité;
- la cryptographie et la gestion des clés;
- Confidentialité des données dès la conception par défaut; et

Les rôles spécialisés.

La manière dont vous sensibiliserez les personnes occupant des fonctions spécialisées à la sécurité informatique dépendra de votre structure organisationnelle, des menaces auxquelles ces personnes peuvent être confrontées, du type de données auxquelles elles accèdent et des réglementations qu'elles doivent respecter.

Les thèmes et les publics cibles à prendre en compte :

- les attaques par piratage psychologique pour le personnel du centre d'assistance;
- la sensibilisation à la norme PCI DSS pour les finances, la vente au détail et les services à la clientèle;
- la vie privée (pour les gestionnaires et les ressources humaines);
- les politiques de sécurité interne (pour les tiers); et
- la fraude financière pour les personnes qui traitent des transactions financières.

DÉFINIR VOS THÈMES PAR PUBLIC CIBLE

Identifiez vos thèmes en utilisant les résultats de votre questionnaire et de vos simulations afin de combler les lacunes identifiées en matière de connaissances et de comportements.

Thèmes principaux de vos programmes de sensibilisation à la sécurité par public cible

- Personnel de direction
- Gestionnaires
- Rôles spécialisés (tant internes que tiers)
- Utilisateurs (personnel général)
- Personnel informatique

9. Autres informations

Le déploiement d'un programme de sensibilisation à la sécurité exige une connaissance approfondie de tous les services d'une entreprise, et vous ne devez pas vous attendre à disposer de toutes les informations nécessaires sans contacter les parties prenantes. Les responsables des équipes ou des services sont les mieux placés pour évaluer le niveau de formation requis et d'autres considérations internes pour le programme.

La meilleure façon de recueillir ces informations est de mener de simples entrevues avec les différentes parties prenantes. En fonction de votre accès à ces personnes, vous pouvez poser ces questions en personne ou par vidéoconférence. S'il y a des problèmes de fuseau horaire insurmontables, vous pouvez correspondre par courrier électronique, mais les entrevues en personne sont recommandés, car elles restent le meilleur moyen de susciter une discussion productive.

Quelle que soit la forme de vos entrevues, vos objectifs principaux sont de vous faire une idée des objectifs de la personne interrogée par rapport au programme, des préoccupations qu'elle peut avoir par rapport à ses thèmes, des problèmes antérieurs et, surtout, de sa capacité à participer ou à contribuer. Cette étape est une excellente occasion d'identifier les promoteurs internes sur lesquels vous pouvez compter pendant le déploiement et de mettre en place le programme de formation.

Questions pour une entrevue

Programme de sensibilisation à la sécurité : Les simulations d'hameçonnage

1. Votre équipe a-t-elle observé des comportements qui semblent risqués (par exemple, transférer des courriels non liés au travail, visiter des sites Web douteux, ouvrir des pièces jointes inattendues dans des courriels, etc.)?

2. À votre avis, les employés sont-ils sensibilisés à la sécurité et sont-ils susceptibles de repérer les messages électroniques suspects?

3. Votre équipe a-t-elle des doutes quant à la décision d'envoyer des messages de simulation d'hameçonnage à tous les employés de l'entreprise?

4. Avez-vous d'autres recommandations sur la manière de sensibiliser les employés à la menace d'hameçonnage?

5. Classez les objectifs suivants par ordre d'importance pour que votre équipe assure la sécurité des informations :

Objectifs

Notations
Classez les objectifs
du plus important (1)
au moins important (10)

Veiller à ce que personne ne divulgue les mots de passe.

Assurer la protection et le traitement adéquat des informations personnelles.

Réduire l'exposition de l'entreprise aux menaces entraînées par l'utilisation abusive des comptes de messagerie professionnelle.

Réduire le risque de compromission du système par des logiciels malveillants entraînant une dégradation des activités de l'entreprise.

Réduire le nombre d'incidents et de compromissions résultant d'une attaque par courrier électronique (hameçonnage).

Réduire le risque de fuite d'informations ou de violation de données.

Veiller à une utilisation responsable du service de courrier électronique.

Veiller à une utilisation responsable du service Internet.

Sensibiliser le personnel à la manière de détecter les attaques par hameçonnage par courriel.

Sensibiliser le personnel à la manière de détecter les attaques par téléphone ou par message texte.

Programme de sensibilisation à la sécurité

1. Comment votre équipe participe-t-elle au maintien de la sécurité de l'information au sein de votre entreprise?
2. Quel type de culture de sécurité votre équipe attend-elle de votre entreprise, et avez-vous observé les bons comportements de sécurité pour soutenir cette culture?
3. Quels sont les messages clés de votre équipe en matière de sécurité de l'information et comment sont-ils communiqués?
4. Comment votre équipe encourage-t-elle les employés à penser et à agir en tenant compte de la sécurité?
5. Quelles méthodes devrez-vous envisager ou utilisez-vous déjà pour diffuser des messages de sensibilisation à la sécurité?
6. Combien de temps votre équipe peut-elle ou doit-elle consacrer au programme de sensibilisation à la sécurité chaque année?
7. Que considérez-vous comme une durée raisonnable de formation pour le personnel, les dirigeants et les spécialistes de la sécurité, et quelle part de cette formation devrait être obligatoire?
8. Constatez-vous un manque de sensibilisation des employés aux politiques de sécurité de l'information?
9. Nous prévoyons déployer un nouveau programme de sensibilisation à la sécurité afin de mieux protéger les employés contre les escroqueries par hameçonnage, les logiciels malveillants et autres cybermenaces.

À votre avis, dites-nous ce que les employés de l'entreprise pensent des énoncés suivants, sur une échelle de 1 à 5.

1 = Pas du tout d'accord   *4 = D'accord*
2 = Pas d'accord   *5 = Tout à fait d'accord*
3 = Ni d'accord ni en désaccord

	1	2	3	4	5
Les employés participeraient à cette activité de sensibilisation à la sécurité parce qu'elle est intéressante et qu'elle sera bénéfique.					
Les employés participeraient à cette activité de sensibilisation à la sécurité par obligation.					
Il y a peut-être de bonnes raisons de participer à cette activité, mais les employés n'en vois aucune.					

Évaluation des activités précédentes

L'analyse des efforts fournis lors des précédentes campagnes de sensibilisation à la sécurité est une étape cruciale qui est susceptible de vous donner des indications étonnamment précieuses. Ce processus s'appuiera à nouveau sur des entrevues, mais cette fois, vous diviserez les personnes interrogées en deux groupes : l'équipe responsable du projet et le public ciblé.

Équipe responsable du projet

Les questions posées à l'équipe responsable du projet seront plus détaillées, et fractionnées en trois étapes distinctes :

L'évaluation du processus. L'objectif de ces questions est d'identifier tout problème sous-jacent à la conception initiale du programme. Les réponses obtenues suggéreront les meilleurs canaux de diffusion du programme, le type de message à utiliser et les publics sur lesquels vous devez vous concentrer.

L'évaluation des résultats. C'est l'étape où vous allez passer en revue les données générées par les précédentes campagnes de sensibilisation à la sécurité au sein de l'entreprise. Vous devriez rapidement être en mesure de prouver si les objectifs ont été atteints ou non, de définir les activités spécifiques qui ont modifié le comportement des utilisateurs et d'évaluer tout effet négatif potentiel de la campagne.

L'évaluation des ressources. L'objectif principal de ces questions est de comparer les ressources précédemment disponibles à votre situation actuelle. Vous pourriez commencer par trier les problèmes déjà identifiés qui se règleraient simplement par une meilleure communication ou une plateforme de sensibilisation à la sécurité. Il est également essentiel d'examiner le budget initialement attribué au programme. Bien qu'il ne s'agisse pas d'une ressource en soi, l'argent dépensé est un facteur de qualification crucial pour toutes les données disponibles.

Public initial de sensibilisation à la sécurité

La quatrième série de questions s'adresse au public initial du programme de sensibilisation à la sécurité. Une fois encore, vous devez diviser les questions en sections.

Rétroaction provenant du public.

Rétroaction concernant le programme. Cette section doit se concentrer sur les thèmes et le contenu du programme. Vous voudrez savoir si les utilisateurs étaient conscients des questions discutées au préalable, s'ils ont trouvé un avantage au programme et s'il a induit des changements de comportement une fois terminé.

Rétroaction concernant la plateforme. L'objectif ici est de voir si les outils utilisés pour transmettre le contenu étaient favorables à un bon apprentissage. Il se peut même que les problèmes liés à la plateforme doivent être examinés plus en détail. Le logiciel lui-même était possiblement approprié, mais les utilisateurs ont eu du mal à y accéder ou à trouver le contenu recherché. Assurez-vous que vos questions couvrent un large éventail de problèmes potentiels liés à la plateforme.

Modèle de questions

Questions pour l'équipe responsable du projet – évaluation du processus.

- Le programme a-t-il ciblé la bonne population avec les thèmes appropriés?
- Devons-nous envisager un autre public?
- Le programme a-t-il pris en compte les besoins de la population cible?
- Dans quelle mesure avons-nous satisfait les publics cibles?
- Quels sont les mécanismes de diffusion qui ont le mieux fonctionné?
- Les mécanismes utilisés pour mettre en œuvre le programme ont-ils été efficaces? Le message a-t-il atteint le public cible?
- Devons-nous envisager des méthodes différentes pour diffuser nos messages?

Questions pour l'équipe responsable du projet – évaluation des résultats.

- Notre programme a-t-il abordé les problèmes ou les comportements des utilisateurs que nous avions initialement déterminés?
- Les hypothèses formulées au début du programme étaient-elles correctes?
- Avons-nous pris des mesures pour compenser des événements imprévus?
- Avons-nous atteint nos objectifs? Si oui, comment? Sinon, pourquoi?
- L'un des membres de l'équipe responsable du programme a-t-il reçu une rétroaction directe au sujet du programme, et si oui, quelle était-elle?

- Les activités du programme ont-elles été bénéfiques pour la population cible?
- Dans quelle mesure le programme de sensibilisation à la sécurité a-t-il modifié les comportements?
- Quelles activités du programme ont fait une différence positive quant aux comportements des utilisateurs?
- Y a-t-il eu des effets indésirables?
- Notre programme est-il en lien avec les politiques actuelles?
- Que peut-on faire pour améliorer le programme de sensibilisation à la sécurité?

Questions pour l'équipe responsable du projet – évaluation des ressources.
- Tous les membres de l'équipe responsable du programme comprennent-ils leurs rôles et leurs responsabilités?
- L'équipe responsable du programme de sensibilisation à la sécurité a-t-elle besoin de ressources supplémentaires?
- Les coûts des activités du programme sont-ils raisonnables par rapport aux avantages?
- Le programme de sensibilisation à la sécurité dispose-t-il du budget nécessaire pour poursuivre ses activités?

Questions pour les utilisateurs – rétroaction provenant du public.
- La commodité et la facilité d'accès au matériel de formation étaient-elles satisfaisantes pour vous?
- La qualité du matériel était-elle satisfaisante pour vous?
- L'outil était-il facile à utiliser?
- Avez-vous eu l'impression que la quantité d'informations et de ressources documentaires fournies répondait à vos besoins?
- Le programme vous a-t-il satisfait et avez-vous eu l'impression de bien employer votre temps?

- Vous sentez-vous plus capable de faire face aux menaces présentées pendant le programme?
- Quels changements avez-vous apportés à vos activités professionnelles en raison de la formation que vous avez reçue au cours de l'année écoulée?
- Comment allez-vous appliquer ce que vous avez appris dans le programme pour protéger vos informations personnelles?
- Comprenez-vous comment votre comportement peut avoir une incidence sur la sécurité de l'information de l'entreprise ou sur la vôtre?
- Quel soutien spécifique vous serait utile pour mettre en œuvre les nouvelles pratiques présentées dans ce programme?
- Allez-vous agir comme un ambassadeur de la sécurité de l'information et partager ce que vous avez appris avec les autres?

EXERCICE

OBTENIR UNE RÉTROACTION DE LA PART DES PARTIES PRENANTES

Déterminez les activités que vous utiliserez pour obtenir une rétroaction de la part des différentes parties prenantes :

- des entrevues avec les contributeurs du programme;
- une rétroaction de la part de l'équipe responsable du projet; et
- une rétroaction provenant des utilisateurs.

10. Ressources de soutien

Il est impossible de déployer un programme de sensibilisation à la sécurité de manière isolée. Il y a toujours de nombreux facteurs en jeu, tout comme des défis à relever.

Par exemple, que faire si votre culture d'entreprise actuelle n'est pas propice à la sensibilisation? Peut-être que votre personnel pense que la sécurité relève de la responsabilité du service informatique, ou que l'entreprise subit assez de changements structurels ou opérationnels. Pour réussir dans l'un de ces environnements, vous aurez besoin de soutien.

Lorsque vous choisissez des activités de sensibilisation, vous devez prendre en compte le budget qui vous est alloué, vos ressources de soutien et leurs disponibilités, ainsi que le matériel dont vous avez besoin. Vous devrez peut-être compter sur l'aide des différents services de l'entreprise, voire faire appel à des ressources externes. Nous avons déterminé les trois principales ressources de soutien : le soutien des cadres supérieurs, les ambassadeurs de la sensibilisation à la sécurité et le soutien opérationnel.

Définir les ressources de soutien disponibles

Le déploiement d'un programme de sensibilisation à la sécurité ne se fait pas de façon isolé. De nombreux facteurs entrent en jeu.

Soutien des cadres supérieurs

Obtenir le soutien de la direction vous aidera à obtenir le budget nécessaire pour votre programme de sensibilisation à la sécurité. De plus, cela légitimera votre programme et augmentera sa visibilité. La motivation et le taux de participation seront sans aucun doute plus élevés si la direction vous soutient activement.

Par conséquent, avant de planifier et de mettre en œuvre votre programme, vous devez solliciter le soutien des cadres supérieurs. Vous devrez trouver un cadre supérieur qui acceptera de parrainer votre programme; une personne charismatique qui serait un porte-parole efficace pour votre programme de sensibilisation à la sécurité et une personne connue de vos publics cibles.

Le parrain du programme envoie ou signe généralement les messages d'annonce liés au programme avant le lancement des activités.

Ambassadeur de la sensibilisation à la sécurité

Pour sensibiliser efficacement à la sécurité, certaines entreprises font appel à des ambassadeurs de la sensibilisation à la sécurité qui assurent la liaison avec un site important, une fonction commerciale ou une unité commerciale. Les ambassadeurs de la sensibilisation à la sécurité servent d'interface entre les utilisateurs et le responsable du programme de sensibilisation à la sécurité. Ceux-ci rappellent aux utilisateurs les activités en cours et font part des questions soulevées par les utilisateurs au gestionnaire du programme.

Ces ambassadeurs sont des personnes intrinsèquement motivées. Idéalement, il s'agit d'hommes et de femmes d'affaires ayant une connaissance approfondie des risques inhérents à la technologie. Ce doit également être des orateurs ou oratrices enthousiastes qui peuvent aisément expliquer à vos publics cibles les raisons pour lesquelles le programme de sensibilisation à la sécurité est si important.

Soutien opérationnel

Avant et pendant le déploiement de votre programme de sensibilisation à la sécurité, vous aurez sans doute besoin du soutien actif de votre service informatique (pour la transmission des fichiers de la liste des utilisateurs, les considérations de synchronisation pour l'authentification unique, le dimensionnement de la bande passante Internet, les interventions du service d'assistance, etc.)

Le service des ressources humaines devrait également faire partie de vos ressources de soutien, en particulier si vous souhaitez rendre la formation obligatoire pour les nouveaux employés.

Travailler avec un expert en changement de comportement ou avec l'équipe de gestion du changement des utilisateurs peut également s'avérer extrêmement utile, surtout si vous n'avez jamais dirigé un programme de sensibilisation à la sécurité auparavant. Ce type d'expert peut vous guider dans la conception, le déploiement et l'évaluation de votre programme.

EXERCICE

DÉFINIR LES RESSOURCES DE SOUTIEN DISPONIBLES

Prenez quelques instants pour identifier les groupes ou les personnes dont vous pourriez avoir besoin pour soutenir vos efforts.

- Obtenez le soutien des cadres supérieurs pour votre programme de sensibilisation à la sécurité.
  - Parrain :
  - Haute direction :
- Identifiez les éventuels ambassadeurs de la sensibilisation à la sécurité de l'information.
- Définissez le soutien opérationnel nécessaire à l'exécution de votre programme de sensibilisation à la sécurité.

11. Mondialisation

La mondialisation peut avoir une incidence sur deux aspects clés de votre programme de sensibilisation à la sécurité :

- le besoin éventuel de personnalisation (par exemple, langue, nuances culturelles, etc.); et
- la coordination du déploiement (par exemple, fuseaux horaires, barrières linguistiques entre les équipes et autres).

Les aspects complexes, comme les sites multiples ou les environnements plurilingues peuvent également rendre le déploiement de votre programme de sensibilisation à la sécurité un peu cahoteux, alors définissez-les et abordez-les dès le début. Imaginez que vous ayez consacré d'innombrables efforts et beaucoup de temps à planifier le déploiement de votre programme de sensibilisation à la sécurité dans le monde entier, pour finalement vous rendre compte que l'une de vos équipes parle principalement le portugais, mais que votre programme n'est pas disponible dans cette langue.

Déterminez les langues de votre programme.

ANALYSE DE LA MONDIALISATION

Avez-vous plusieurs bureaux ou installations?
- Si oui, comment les définir?
- À l'échelle locale, nationale ou internationale?

Devez-vous offrir le programme dans plus d'une langue?
- Si oui, quelles sont ces langues?

Y a-t-il des nuances culturelles dont vous devez tenir compte?
- Si oui, comment les définir?

Y a-t-il des exigences de formation locales ou spécifiques à l'industrie dont il faut tenir compte?
- Si oui, comment les définir?

Les coordonnées d'une personne-ressource en local doivent-elles être ajoutées pour chaque site?
- Si oui, comment les définir?

Existe-t-il des services d'assistance à l'échelle locale ou sont-ils centralisés?
- Si oui, comment les définir?

12. Coûts

Comme pour toute gestion de projet, vous devez présenter un budget aux décideurs et aux parties prenantes. Vous devez confirmer la disponibilité de toutes les ressources de soutien nécessaires, déterminer le temps alloué au programme et finaliser les détails de votre budget.

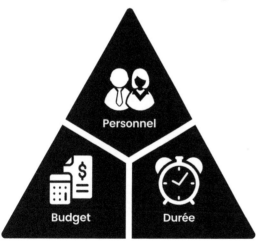

Prenez quelques instants pour remplir la liste suivante. Elle vous donnera un aperçu des types de coûts auxquels vous pouvez vous attendre lors de l'élaboration et de la mise en œuvre de votre programme. Cela vous permettra de décider si vous disposez de toutes les ressources nécessaires en interne ou si vous devez faire appel à des services professionnels externes.

Voici une liste de coûts à prendre en compte dans le calcul de votre budget.

Coûts directs

- le nombre d'utilisateurs par public (cela aura une incidence sur le coût des produits sous licence);
- la plateforme de sensibilisation à la sécurité pour dispenser vos formations de sensibilisation ou déployer vos simulations d'hameçonnage;
- l'achat ou la conception de contenu de sensibilisation;
- l'achat ou l'élaboration de matériel de sensibilisation (par exemple, affiches, tapis de souris, documents à distribuer);
- les coûts associés aux améliorations continues et aux frais d'entretien du système;
- les services professionnels ou les services gérés pour compléter l'équipe responsable de la sensibilisation à la sécurité;
- une vidéo du parrain du programme pour son lancement;
- les frais de traduction, si nécessaire; et
- les présentations et les séminaires en direct.

Coûts indirects

N'oubliez jamais que « le temps, c'est de l'argent ». Même si votre entreprise prévoit déjà ces coûts indirects, n'oubliez pas de les intégrer à votre programme de sensibilisation à la sécurité :

- le nombre d'employés affectés à la conception et à la gestion du programme, et le temps consacré à ces tâches;
- Les responsables de projet, en particulier pendant l'étape 1 – Analyser et l'étape 2 – Planifier;

- le temps d'absence des travailleurs rémunérés à l'heure pour suivre la formation de sensibilisation (cela peut représenter un coût d'exploitation élevé pour les grandes organisations);
- le temps que le parrain du programme va dédier au programme;
- le temps consacré à l'examen du contenu global par les services juridiques, les services des ressources humaines et autres services; et
- le temps consacré à la confirmation des traductions.

Personnalisation et image de marque

Un programme qui présente l'image de marque, les couleurs et le logo d'une entreprise crée un sentiment d'appartenance chez les participants et peut davantage les inciter à terminer leur formation.

C'est pourquoi nous vous conseillons de choisir un contenu que vous pourrez personnaliser chaque fois que c'est possible. Par exemple, les courriels et les bannières web annonçant le lancement d'un nouveau module avec les couleurs, le logo et le slogan de l'entreprise.

Calcul du coût des services et produits externes

Vous pouvez décider d'acheter des produits ou de faire appel à des services professionnels externes de sensibilisation à la sécurité pour tout ou partie de l'élaboration et de la mise en œuvre de votre programme de sensibilisation à la sécurité. Vous trouverez ci-dessous une liste des coûts à prendre en compte lors de votre décision :

- les heures nécessaires pour préparer votre programme de sensibilisation à la sécurité;
- les heures nécessaires pour préparer vos campagnes de sensibilisation à la sécurité;
- les heures nécessaires pour présenter vos campagnes de sensibilisation à la sécurité;

- les heures nécessaires pour gérer vos campagnes de sensibilisation à la sécurité;
- le coût des services de consultation;
- le coût de la plateforme de sensibilisation à la sécurité;
- le coût du contenu à acheter;
- les heures nécessaires pour concevoir un contenu personnalisé;
- les frais d'entretien annuels; et
- les autres coûts.

CALCUL DE VOS COÛTS

Vous devez impérativement présenter un budget complet aux décideurs afin d'obtenir le financement nécessaire pour mener à bien un programme de sensibilisation à la sécurité.

Prenez quelques instants pour remplir la liste suivante. Elle vous donnera un aperçu des types de coûts généralement associés à l'élaboration et à la mise en œuvre d'un programme, et vous aidera à déterminer si vous disposez de toutes les ressources nécessaires en interne ou si vous devrez faire appel à des services professionnels externes.

- Avez-vous besoin d'employés à temps plein pour concevoir votre programme? Si oui, combien?
- Avez-vous besoin d'employés à temps plein pour gérer votre programme? Si oui, combien?
- Avez-vous besoin d'un responsable de projet pour superviser le projet? Si oui, à quelles étapes? (Au fur et à mesure que vous parcourez ce livre, vous voudrez peut-être revenir à cette question afin de décider si vous avez besoin d'un responsable de projet pour superviser davantage d'étapes du programme de sensibilisation à la sécurité.)
    - Étape 1 – Analyser
    - Étape 2 – Mesurer
    - Étape 3 – Déployer
    - Étape 4 – Mesurer
    - Étape 5 – Optimiser

- Avez-vous besoin des services d'un professionnel externe de la sensibilisation à la sécurité pour vous aider à élaborer votre programme de formation?
    - Si oui, à quelles étapes? (Au fur et à mesure que vous parcourez ce livre, vous voudrez peut-être revenir à cette question afin de décider si vous avez besoin d'un responsable de projet pour superviser davantage d'étapes du programme de sensibilisation à la sécurité.)
    - Étape 1 – Analyser
    - Étape 2 – Mesurer
    - Étape 3 – Déployer
    - Étape 4 – Mesurer
    - Étape 5 – Optimiser

suite...

- Combien de participants par public cible suivront la formation?
- De combien de licences de produits aurez-vous alors besoin?
- Quelle plateforme de sensibilisation à la sécurité utiliserez-vous pour dispenser votre formation et lancer vos simulations d'hameçonnage?
- Allez-vous acheter ou concevoir le contenu de sensibilisation?
- Aurez-vous besoin de matériel de sensibilisation (par exemple, des affiches, des tapis de souris, des documents à distribuer)?
- Combien coûtent les améliorations continues et les frais d'entretien du système?
- Devez-vous prendre en compte le temps d'absence des participants pour suivre la formation de sensibilisation?

FÉLICITATIONS!

Vous venez de terminer l'étape 1 – Analyser du cadre de sensibilisation à la sécurité en cinq étapes de Terranova Security.

Vous avez rassemblé des données, des informations et des idées très importantes qui vous permettront de prendre des décisions éclairées à l'étape 2 – Planifier.

Résumé des catégories de collecte de données d'analyse

- Instigateurs du programme
- Objectifs
- Conformité
- Les publics cibles
- Niveau de maturité
- Niveau de connaissance et de comportement
- Motivation et culture
- Portée de votre programme
- Autres informations
- Ressources de soutien
- Mondialisation
- Coûts

EN PRENANT
LE TEMPS DE
PLANIFIER
CORRECTEMENT
ET DE RÉGLER
CHAQUE DÉTAIL,
VOUS AVEZ TOUTES
LES CHANCES
DE RÉUSSIR.

DEUX

ÉTAPE 2 : PLANIFIER

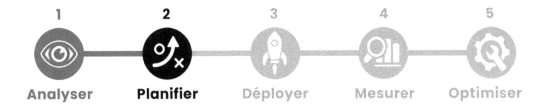

1	2	3	4	5
Analyser	**Planifier**	Déployer	Mesurer	Optimiser

« Celui qui échoue à planifier planifie son échec. »

– BENJAMIN FRANKLIN

Bienvenue à l'étape 2 du cadre de la sensibilisation à la sécurité en cinq étapes de Terranova Security – Planifier.

Dans l'étape 1 – Analyser, vous avez établi le « pourquoi » du programme. Dans les pages qui suivent, vous allez définir le « qui, quoi, quand et comment » ou autrement dit, prévoir la logistique de votre programme de sensibilisation à la sécurité.

ÉTAPE 2 : PLANIFIER   **85**

Dans la phase d'analyse, vous avez mené un sondage pour mesurer le niveau actuel des connaissances, du comportement et de la culture des employés en matière de sécurité. Ensuite, vous avez étudié les rapports de l'entreprise relatifs aux questions de sécurité de l'information. Vous avez ensuite posé toutes les questions essentielles : « des incidents de sécurité sont-ils survenus en raison du comportement des employés, tels que des infections virales ou des escroqueries par piratage psychologique? » ou encore « des employés sont-ils tombés dans le panneau? »

Après avoir passé en revue les résultats, vous avez classé les thèmes prioritaires en fonction des faiblesses internes. Exemple : « Vos employés créent des mots de passe forts, vous pouvez donc aborder ce thème plus tard dans le programme. Néanmoins, ils sont plus vulnérables au piratage psychologique, nous commencerons donc par une formation appropriée pour traiter ce point sensible. »

C'est ici que la planification entre en jeu.

La planification vous permet d'anticiper et de faire face aux obstacles, de rester fidèles à vos objectifs, de respecter vos délais et votre budget et, en fin de compte, elle augmente vos chances de réussite. Si vous vous lancez dans la mise en œuvre d'un programme de sensibilisation à la sécurité en espérant que tout ira bien, les résultats seront aléatoires et vous ne parviendrez probablement pas à atteindre vos objectifs.

La planification vous permet également de :

- respecter les obligations de conformité;
- anticiper les obstacles et y remédier;
- rester fidèle aux buts et aux objectifs;
- respecter les délais;
- coordonner le programme avec les autres activités de l'entreprise;

- définir les périodes d'interdiction;
- respecter le budget;
- donner toutes les chances de réussite au programme; et
- déterminer les possibilités d'évaluation de la performance du programme.

Je n'exécuterais jamais un programme sans un plan. Je me fixe des objectifs clairs et je planifie soigneusement les étapes à suivre pour les atteindre. C'est l'une des principales raisons de ma réussite en affaires. J'intègre les cinq étapes du cadre de sensibilisation à la sécurité de Terranova Security (Analyser – Planifier – Déployer – Mesurer – Optimiser) à toutes mes stratégies commerciales, en reconnaissant que l'étape 2 – Planifier est essentielle.

La planification prend du temps, mais lorsque vous êtes bien préparé, votre déploiement se déroule sans heurts. Vous offrez un programme plus solide en raison de sa portée, ses délais et son budget parce que vous avez planifié vos étapes. Ainsi, vous avez beaucoup plus de chances d'atteindre vos objectifs cibles et de mener à bien votre programme.

Conseil : L'évaluation de tous les critères et l'élaboration d'un plan dès le départ vous permettront de passer du point A au point B en un minimum de temps.

Vous voulez que votre programme de sensibilisation à la sécurité se déroule sans heurts et entraîne un véritable changement de comportement au sein de votre entreprise. C'est une grande responsabilité. En prenant le temps de bien planifier et de régler chaque détail, vous avez toutes les chances de réussir.

Parfois, les tâches à forte valeur ajoutée sont les plus difficiles et les plus complexes, mais elles donnent aussi des résultats significatifs. Dans le cadre de sensibilisation à la sécurité en cinq étapes de Terranova Security, nous avons inclus tous les aspects cruciaux sur lesquels vous devez vous concentrer. L'efficacité et la productivité sont les raisons pour lesquelles nous avons développé ce cadre, et que j'ai écrit ce livre.

Alors, voyons sur quoi vous allez consacrer vos efforts en priorité. Dans cette étape, nous allons explorer les moyens pour :

- constituer votre équipe;
- établir votre feuille de route;
- sélectionner le contenu et les plateformes;
- personnaliser le contenu;
- sélectionner les outils de mesure;
- définir les indicateurs de rendement clés;
- créer un plan de communication;
- sélectionner et personnaliser le matériel de communication;
- présenter votre programme; et
- créer et gérer un programme dédié aux ambassadeurs.

Lors de la phase de planification, vous devez également prendre en considération certaines contraintes typiques auxquelles vous pourrez être confronté :

1. Les utilisateurs peuvent se montrer indifférents à cet apprentissage ou penser que ce n'est pas de leur ressort.
2. Les utilisateurs ne comprennent pas la nécessité d'une sensibilisation à la sécurité ou n'ont pas conscience que chacun a son rôle à jouer.
3. Les utilisateurs ne sont pas motivés, car ils ne voient pas en quoi cela leur sera bénéfique.
4. Les utilisateurs n'ont pas le temps, car ils croulent peut-être déjà sous le travail.

5. Les utilisateurs avec des rôles et des niveaux de connaissances différents ont besoin de campagnes individualisées.
6. Les utilisateurs doivent pouvoir accéder aux contenus d'apprentissage de n'importe où, sur n'importe quel appareil et dans leur langue maternelle.

EXERCICE

DÉMARRAGE DE L'ÉTAPE 2 – PLANIFIER

Prenez maintenant le temps de revoir toutes les réponses que vous avez fournies à l'étape 1 – Analyser

1. Instigateurs du programme
2. Objectifs
3. Conformité
4. Publics cibles
5. Niveau de maturité
6. Niveau de connaissance et de comportement
7. Motivation et culture
8. Portée de votre programme
9. Sensibilisation à la cybersécurité
10. Ressources de soutien
11. Mondialisation
12. Coûts

La création de votre équipe

Le moment est venu de constituer votre équipe et d'obtenir les bonnes ressources. Je ne saurais trop insister sur l'importance de s'entourer d'une équipe remarquable. Chaque membre doit contribuer avantageusement de sorte qu'ensemble, l'équipe crée une synergie qui permette à votre programme de sensibilisation à la sécurité de progresser. Et je parle en connaissance de cause. Je crois sincèrement que le succès de Terranova Security est dû en grande partie à l'équipe que nous avons constituée ensemble.

Vous aurez besoin des compétences d'une équipe multidisciplinaire pour vous aider, car les tâches vont de la planification initiale à la préparation, au déploiement et au suivi de vos campagnes. Pensez aux collègues ayant de l'expérience dans les groupes de discussion, la commercialisation, la rédaction et l'édition, la conception graphique, la production et l'analyse de programmes.

Les services concernés par la sensibilisation à la sécurité (formation, communication, gestion du changement, RH, juridique, conformité, confidentialité, gestion des risques et audit) doivent également être impliqués. Ces services peuvent fournir des ressources supplémentaires, permettre de trouver du financement ou s'assurer que les participants comprennent les raisons intrinsèques des campagnes de sensibilisation à la sécurité.

Surtout, choisissez des personnes enthousiastes. Recherchez celles qui vous ont semblé« intrinsèquement motivées » lorsque vous avez envoyé votre sondage concernant la motivation.

Une équipe diversifiée et enthousiaste vous offrira des points de vue uniques qui vous échapperaient autrement. C'est comme le vieux dicton : « Deux têtes valent mieux qu'une ».

Votre équipe de rêve

Allez au-delà de la sécurité et de l'informatique pour constituer l'équipe de vos rêves. Voici les personnes qui pourraient faire partie de votre équipe :

Le parrain du programme

Le parrain est le porte-parole du programme de sensibilisation à la sécurité. Vraisemblablement un cadre supérieur (c'est-à-dire de la haute direction) qui peut ne pas participer aux activités opérationnelles. Néanmoins, les participants doivent reconnaître et soutenir cette personne.

Parrain du programme

Parmi leurs responsabilités, les autres contributeurs devront :

- assurer la liaison avec la haute direction;
- tenir les décideurs informés;

- obtenir les fonds et les ressources nécessaires au fonctionnement du programme;
- choisir le gestionnaire ou le coordinateur du programme; et
- approuver le programme.

Le gestionnaire ou coordinateur du programme

Bien que le poste de gestionnaire ou coordinateur du programme ne soit pas forcément un poste à plein temps, les activités de sensibilisation à la sécurité doivent constituer une part importante des activités quotidiennes de cette personne afin de garantir le succès de votre programme.

Parmi leurs responsabilités, les autres contributeurs devront :

- gérer les projets pendant les phases d'analyse et de planification;
- consulter l'équipe de sensibilisation à la sécurité;
- définir, planifier et gérer le programme;
- superviser la préparation du contenu de sensibilisation;
- coordonner le déploiement de la campagne;
- recueillir et analyser les mesures des programmes et des campagnes;
- communiquer les résultats au parrain du programme; et
- réaliser des sondages et des entrevues pour obtenir une rétroaction.

Le conseiller en communication

Le conseiller en communication supervisera la stratégie et la planification de la communication. Idéalement, cette personne aura une expérience de la gestion du changement ou sera membre de votre service de communication.

Parmi leurs responsabilités, les autres contributeurs devront :

- définir les stratégies de gestion du changement;
- définir la stratégie de communication;
- rédiger les notes de service et les courriels;
- établir le calendrier de communication;
- envoyer des messages en utilisant les outils de communication de l'organisation; et
- partager les enseignements tirés d'autres campagnes menées à l'échelle de l'entreprise.

Les experts en la matière (EM)

Les EM peuvent provenir de l'équipe de sécurité ou d'autres services en fonction des thèmes de la campagne.

Experts en la matière (EM)

Parmi leurs responsabilités, les autres contributeurs devront :

- examiner la pertinence du matériel de sensibilisation;
- orienter la sélection des thèmes et des priorités;
- établir des profils de risque pour l'indice de la culture de la sécurité;
- concevoir ou personnaliser des cours et des outils de renforcement en ligne; et
- contribuer à la collecte des mesures liées aux indicateurs de rendement clés en matière de comportement.

L'administrateur de la plateforme de sensibilisation à la sécurité

Le ou les administrateurs de la plateforme de sensibilisation à la sécurité prennent en charge la mise en œuvre des composantes techniques de votre programme de sensibilisation à la sécurité.

L'administrateur de la plateforme

Parmi leurs responsabilités, les autres contributeurs devront :

- configurer et administrer la plateforme de sensibilisation à la sécurité;
- configurer et déployer des simulations d'hameçonnage;
- tenir à jour les listes de participants;
- configurer la fonctionnalité d'authentification unique de la plateforme;
- participer aux tests de fonctionnalité;
- configurer des listes de permissions et des filtres pour autoriser les simulations d'hameçonnage;
- configurer des paramètres et attribuer une valeur aux activités pour l'indice de la culture de sécurité; et
- soutenir l'équipe de sensibilisation à la sécurité.

Les autres contributeurs

Je recommande également de faire appel à d'autres contributeurs qui ne participent peut-être pas directement aux activités quotidiennes de l'équipe de sensibilisation à la sécurité, mais qui peuvent apporter leur soutien au programme global.

Autres contributeurs

Parmi leurs responsabilités, les autres contributeurs devront :

- agir en tant qu'ambassadeur de la sensibilisation;
- fournir une assistance aux utilisateurs;
- recueillir les rétroactions;
- examiner la personnalisation et la traduction du contenu ainsi que les nuances géographiques pour les campagnes menées dans plusieurs pays et dans plusieurs langues; et
- établir les exigences supplémentaires pour la formation à la sensibilisation à la sécurité (par exemple, conformité réglementaire ou contractuelle, assurance, industrie, etc.).

Définir la feuille de route du programme de sensibilisation à la sécurité

Ensuite, vous devez définir la feuille de route de votre programme de sensibilisation à la sécurité et fixer un calendrier pour le déploiement de chaque campagne.

Une tâche simple en soi, mais elle nécessite une stratégie et de la planification, car chaque campagne comprendra des activités particulières, respectera diverses considérations en matière de ressources et devra atteindre certains objectifs et jalons.

Éléments d'une campagne de sensibilisation à la sécurité

Une campagne de sensibilisation à la sécurité consiste principalement en des modules de sensibilisation à la sécurité en ligne sur les thèmes que vous avez identifiés à l'étape 1 – Analyser.

LA CRÉATION DE VOTRE ÉQUIPE

Vous devez maintenant constituer votre équipe, avant de procéder à toute autre planification. La constitution de l'équipe vient en premier lieu, car vous voudrez obtenir la contribution de tous les membres de l'équipe lorsque vous déciderez des facteurs critiques tels que les délais, le contenu du programme et les stratégies de communication.

Personnes à éventuellement inclure dans l'équipe

- Parrain du programme
- EM ou coordinateurs
- Gestionnaire du programme de sensibilisation à la sécurité
- Conseillers en communication
- Experts en sécurité
- Administrateurs de la plateforme de sensibilisation à la sécurité
- Coordinateur local du site
- Équipe pilote
- Responsable de la simulation
- Administrateurs informatiques
- RH et formation
- Juridique et conformité
- Équipe pilote
- Sécurité matérielle
- Autres contributeurs

Entourez-vous d'une équipe multidisciplinaire d'experts qui peuvent mettre à profit leur expérience et leur savoir-faire afin d'assurer le succès de votre programme de sensibilisation à la sécurité.

Si vous ne disposez pas des ressources nécessaires, vous pouvez travailler en étroite collaboration avec votre fournisseur de services de sensibilisation à la sécurité. Il peut compléter votre équipe de sensibilisation à la sécurité en interne et contribuer à assurer le succès de votre programme de sensibilisation à la sécurité.

Vos campagnes comprendront :

- un module d'apprentissage, diffusé auprès de l'un ou de l'ensemble de vos publics cibles en fonction de sa pertinence;
- des modules de sensibilisation à la sécurité diffusés selon un calendrier établi;
- un plan de communication pour annoncer les activités à venir, inviter les utilisateurs à participer et leur rappeler les activités de la campagne de sensibilisation à la sécurité en cours; et
- différents outils de renforcement (par exemple, des bulletins d'information, des affiches, des vidéos, des jeux) diffusés entre les campagnes afin de répéter les messages essentiels et maintenir la sécurité de l'information au premier plan, selon un calendrier établi.

Vous utiliserez également plusieurs indicateurs de performance préalablement définis pour évaluer le succès d'une campagne de sensibilisation à la sécurité. Ces métriques vous permettront d'évaluer les performances de la campagne par rapport aux objectifs que vous aviez établis et de les ajuster pour les prochaines campagnes si nécessaire.

N'oubliez pas que votre programme de sensibilisation à la sécurité représente votre plan global déterminé par les objectifs stratégiques que vous avez établis à l'étape 1 – Analyser. Votre programme de sensibilisation à la sécurité se compose d'un certain nombre de petites campagnes, chacune étant conçue pour atteindre son propre ensemble d'objectifs.

Considérations concernant la feuille de route

Lorsque vous établissez votre feuille de route, vous devez tenir compte de l'incidence globale de votre programme et des contraintes de temps pour l'équipe de sensibilisation à la sécurité et les participants. De même, lorsque vous établissez vos échéances, vous devez vous assurer qu'elles reflètent les objectifs de votre campagne de manière réaliste, compte tenu de vos ressources.

> *Conseil :* Évitez de lancer votre campagne en même temps qu'un événement orchestré à l'échelle de l'entreprise ou de toute autre activité qui pourrait nuire au taux de participation.

Présentez ensuite votre feuille de route définitive au parrain du programme et à tous les décideurs dont l'approbation et le soutien sont nécessaires à la réussite du programme de sensibilisation à la sécurité.

Lorsque vous fixez vos échéances, gardez à l'esprit les points suivants :

- l'annonce du programme;
- la durée du programme;

- la fréquence des campagnes;
- la durée de la campagne;
- le niveau de maturité des utilisateurs en matière de sensibilisation;
- la durée du questionnaire;
- la durée du cours;
- la durée de la campagne d'hameçonnage;
- les périodes à proscrire; et
- les tests avant le lancement.

L'annonce du programme

Prévoyez du temps avant de lancer votre première activité afin de présenter correctement le programme à votre public.

- Décrivez le programme et les activités à venir.
- Expliquez les attentes en matière de participation des employés.
- Démontrez le soutien de la direction et des cadres dirigeants envers le programme.

Vous devez envoyer une annonce trois à cinq jours avant la première activité.

Aussi, n'oubliez pas vos nouvelles recrues. Mettez-vous d'accord avec votre service des ressources humaines afin d'ajouter des étapes précises au processus d'accueil des nouveaux employés pour y inclure des informations sur les campagnes de sensibilisation à la sécurité.

La durée du programme

Lorsque vous déterminez la durée globale de votre programme de sensibilisation à la sécurité, vous devez prendre en compte plusieurs critères, notamment :

- La formation est-elle obligatoire ou facultative? Si elle est obligatoire, vous pouvez imposer des délais. Si elle est facultative, vous pouvez prévoir un délai plus long pour augmenter la participation.

- Combien de participants doivent suivre le même programme? Si le nombre est élevé, vous voudrez peut-être diffuser la formation par étapes sur une période prolongée afin de ne pas surcharger votre système de messagerie ou votre réseau informatique interne.
- Devez-vous effectuer le suivi et rédiger un rapport sur la participation? Nous recommandons de lancer des contenus de petite taille afin que les utilisateurs puissent plus facilement retenir les informations. Si la publication d'un module par mois surcharge vos ressources, envisagez de diffuser des modules moins souvent à un groupe de personnes plus important.
- Votre programme contient-il toutes les activités, tous les thèmes et tous les sujets pour une période donnée (généralement douze mois)?
    - Formation en ligne
    - Questionnaires et sondages
    - Simulations d'hameçonnage
    - Activités de renforcement
    - Plan de communication
    - Autres activités de sensibilisation (par exemple, communiqués, dîners-conférences, stands, etc.)

En définitive, la logistique détermine la durée de votre programme; vos besoins, vos objectifs, la portée de votre programme et les ressources disponibles pour vous aider à le déployer avec succès.

La fréquence des campagnes

- À quelle fréquence allez-vous effectuer une formation de sensibilisation en ligne?

- À quelle fréquence allez-vous lancer des simulations d'hameçonnage?
- À quelle fréquence allez-vous lancer des questionnaires ou des sondages sur les connaissances, les comportements et la culture?
  - Une fois par an?
  - Deux fois par an?
  - Chaque trimestre?
  - Tous les mois?

Au moment de prendre votre décision, songez que plus la fréquence des campagnes est régulière, plus celle-ci présente d'avantages :

- La sécurité reste une priorité.
- La pression d'essayer de tout couvrir en même temps disparaît.
- L'attention sur l'importance de la sécurité de l'information est maintenue (par la répétition, vous faites savoir à votre public que la sécurité de l'information est vitale pour votre entreprise et que chacun a son rôle à jouer).

Cependant, vous devez également savoir que des campagnes trop fréquentes présentent des inconvénients et peuvent :

- Mettre à rude épreuve votre équipe et vos ressources de sensibilisation à la sécurité.
- Solliciter à l'excès les participants, ce qui les amènera à se désintéresser.
- Exiger du temps entre les campagnes afin d'apporter des modifications après les essais pilotes.
- Être trop rigide; vous risquez de ne pas pouvoir adapter votre stratégie d'une campagne à l'autre.

La durée de la campagne

En fonction de la fréquence des campagnes, vous déciderez de la durée de chaque campagne. Par exemple, si vous choisissez de lancer une campagne par mois ou une tous les deux mois.

Dans ce cas, votre campagne devrait durer entre quatre et huit semaines, dont :

- une à deux semaines pour remplir le questionnaire sur les connaissances, le questionnaire sur le comportement et le questionnaire sur la culture;
- deux à quatre semaines pour que les participants puissent suivre la formation en ligne;
- deux à quatre semaines pour les communications, avant et après la période de formation;
- une semaine pour la campagne d'hameçonnage (simulation, formation juste-à-temps, résultats);
- une semaine de sensibilisation (stand sur la sécurité, dîners-conférences quotidiens, jeux, etc.); et
- un mois de sensibilisation (affiches, vidéos, jeux, bulletins d'information, microapprentissage).

Le niveau de maturité des utilisateurs en matière de sensibilisation

Au début de ce livre, j'ai présenté la maturité du programme de sensibilisation à la sécurité, qui fait référence à la rigueur nécessaire lors de l'élaboration de votre programme de sensibilisation à la sécurité. Vous devez également prendre en compte la maturité des utilisateurs en matière de sensibilisation, c'est-à-dire le niveau de connaissances, d'expérience et de motivation des personnes de votre entreprise et de votre équipe de sensibilisation à la sécurité.

Questions à poser :

- Les participants ont-ils suivi une formation de sensibilisation à

la sécurité de l'information dans le passé?
- L'équipe actuellement responsable de la sensibilisation à la sécurité a-t-elle déjà planifié, préparé et élaboré une campagne de sensibilisation à la sécurité?
- De combien de temps avez-vous besoin pour vous préparer et apporter des modifications entre les campagnes?
- Pour déterminer le niveau de maturité, vous pouvez consulter les résultats :
  - du questionnaire sur les connaissances des utilisateurs;
  - du questionnaire sur le comportement des utilisateurs; et
  - du sondage sur la culture ou la motivation.

En fonction de la maturité de votre équipe en matière de sensibilisation et de la culture de la sécurité au sein de votre entreprise, nous conseillons généralement de commencer par de petites campagnes et d'ajuster la durée et la fréquence en fonction des résultats de chaque campagne, de la motivation des participants et de leurs réactions.

La durée du questionnaire

Les questionnaires doivent rester courts et comprendre de 10 à 15 questions. Les utilisateurs doivent pouvoir remplir les questionnaires en une dizaine de minutes.

La durée du cours

Tenez compte de quatre facteurs pour établir votre feuille de route :

1. Combien d'heures par an chaque utilisateur doit-il consacrer à la formation?
2. Chaque cours a-t-il une durée limite?
3. Quel est le nombre maximum de cours de sensibilisation que vous pouvez organiser chaque année? (N'incluez pas les activités de renforcement, notamment le bulletin d'information, le microapprentissage et le nanoapprentissage.)

4. Combien de thèmes souhaitez-vous déployer chaque année?

Vous devez déterminer au moins trois des quatre paramètres ci-dessus pour planifier votre déploiement.

Réfléchissez également au nombre de modules que vous allez inclure dans votre cours. En fonction de la fréquence de la campagne, du nombre de thèmes et de vos participants, vous pouvez décider de lancer :

- un ou deux thèmes essentiels par mois d'une durée totale de trois à cinq minutes;
- trois à six thèmes essentiels par trimestre d'une durée totale de quinze à trente minutes;
- des modules de microapprentissage d'une durée de deux à trois minutes (nous les recommandons souvent pour la génération Y et les personnes en déplacement).

La durée de la campagne d'hameçonnage

Les campagnes d'hameçonnage doivent rester actives pendant au moins sept jours et s'étendre sur deux semaines pour permettre une exposition maximale.

Les périodes à proscrire

Devez-vous éviter de planifier des activités de sensibilisation à certains moments de l'année? Oui. Votre public cible est parfois difficile à atteindre.

Les périodes typiques à éviter comprennent :

- les périodes de vacances annuelles d'hiver et d'été;
- le temps réservé à d'autres campagnes dans l'entreeprise;
- les jours fériés; et
- les cycles de fin d'exercice financier.

D'autre part, prévoir des campagnes qui coïncideraient avec le mois de la sensibilisation à la cybersécurité, la journée pour un internet plus sûr ou la journée de la confidentialité des données serait judicieux.

Les tests avant le lancement

Avant de lancer votre programme et vos campagnes individuelles, vous devez effectuer des tests préliminaires pour vous assurer que tout se déroulera sans problème le jour du lancement.

Prévoyez du temps pour l'examen du contenu, les tests de compatibilité, d'accessibilité et de performance de vos systèmes informatiques et un essai pilote général de votre campagne. (Nous les examinerons plus en détail à l'étape 3 – Déployer).

Vous devez également vous accorder suffisamment de temps pour mesurer le succès de la campagne et mettre en œuvre un plan d'action visant à atteindre les objectifs et les buts fixés. (Nous reviendrons sur ces aspects à l'étape 4 – Mesurer et à l'étape 5 – Optimiser, plus loin dans ce livre).

Enfin, prévoyez suffisamment de temps dans votre plan de projet pour effectuer vos essais et procéder aux modifications nécessaires.

EXERCICE

ÉTABLIR VOTRE FEUILLE DE ROUTE : LES CONSIDÉRATIONS

La planification d'un programme de sensibilisation à la sécurité peut s'avérer complexe et prendre beaucoup de temps. En effectuant un travail de fond et en posant toutes les bonnes questions, vous pourrez planifier votre feuille de route et vos échéances.

Reportez-vous aux pages précédentes pour vous guider, prenez un maximum de notes pour suivre les critères qui pourraient influencer la programmation. Vos notes vous donneront un bon aperçu du temps dont vous aurez besoin.

suite...

Ensuite, réfléchissez aux questions suivantes :

L'annonce du programme

Déterminez qui rédigera, qui enverra et qui signera le message d'annonce. À quel moment le message sera-t-il envoyé et quel support utiliserez-vous pour avoir une visibilité maximale?

La durée du programme

Combien de temps votre programme doit-il durer avant de revoir votre stratégie et vos priorités?

La fréquence des campagnes

À quelle fréquence allez-vous effectuer des formations en ligne? Par exemple, vous pouvez choisir une fréquence semestrielle, trimestrielle ou mensuelle.

La durée de la campagne

Quelle doit être la durée de chaque campagne de programmes (période pour couvrir un thème particulier)?

De combien de temps les participants disposeront-ils pour suivre la formation? (Cette question est particulièrement pertinente pour la formation à la conformité).

La durée du cours

Combien de thèmes allez-vous inclure dans votre cours?

La durée du questionnaire

Combien de temps allez-vous allouer au questionnaire et à quel moment allez-vous envoyer un rappel?

La durée de la période d'hameçonnage

Pendant combien de temps allez-vous collecter les données relatives à la simulation d'hameçonnage?

La maturité en matière de sensibilisation

Les participants ont-ils déjà suivi une formation de sensibilisation à la sécurité dans le passé?
- Si oui, allez-vous répéter les activités précédentes ou exploiter uniquement de nouveaux thèmes?

suite...

L'équipe actuellement responsable de la sensibilisation à la sécurité a-t-elle déjà planifié, préparé et élaboré une campagne de sensibilisation à la sécurité?

- Dans tous les cas, pensez à leur offrir un exemplaire de ce livre.

De combien de temps avez-vous besoin pour vous préparer et apporter des modifications entre les campagnes?

Les périodes à proscrire

Devez-vous éviter de planifier des activités de sensibilisation à certains moments de l'année?

- Si oui, comment les définir?

Les tests avant le lancement

Combien de temps allez-vous accorder pour :

- l'examen du contenu;
- les essais;
- les tests de compatibilité et de performance de vos plateformes;
- les essais pilotes; et
- les modifications avant le lancement.

    Conseil : Lorsque vous établissez votre feuille de route, pensez à l'équipe de sensibilisation à la sécurité, et tenez compte de la durée et de l'incidence globale qu'auront les tests avant le lancement.

Sélection de votre contenu et de vos plateformes

Maintenant, voici les questions à poser... Quel contenu allez-vous inclure dans votre programme en général et dans chacune de vos campagnes? Allez-vous acheter des produits du marché ou développer les vôtres?

Dans la section suivante, je vous présenterai ce que vous devez garder à l'esprit lorsque vous choisissez des outils d'élaboration de contenu et de mesure pour vos campagnes, et je vous montrerai comment les personnaliser.

Sélection et personnalisation de votre contenu

- les formations en ligne;
- les présentations; et
- les outils de renforcement.

Sélection et personnalisation de vos outils de mesure

- Rapports et tableaux de bord de formation par SGA (système de gestion de l'apprentissage)
- les rapports et les tableaux de bord sur les simulations d'hameçonnage;
- l'évaluation des vulnérabilités; et
- les rapports sur les sondages et les questionnaires et tableau de bord.
- Indice de sensibilisation à la sécurité
- Indice de la culture

L'importance d'un contenu diversifié et de haute qualité

La qualité d'un programme de sensibilisation à la sécurité dépend de son contenu. Pour vous assurer que les utilisateurs retiennent les concepts et les connaissances de base, vous devez absolument contextualiser les thèmes et maintenir leur engagement tout au long du processus de formation. Pour modifier les comportements, le contenu doit amuser et s'intégrer dans l'emploi du temps des utilisateurs. Vous pouvez obtenir ce résultat de plusieurs manières.

Un contenu attrayant

Le contenu doit être élaboré par des professionnels de l'éducation qui comprennent les mécanismes d'apprentissage des adultes. Découpez les leçons en petits morceaux et divisez-les soigneusement par thèmes. Gardez l'interface simple et intégrez un élément interactif dans chaque leçon, comme un petit questionnaire qui permet d'évaluer la compréhension de l'utilisateur et de créer une atmosphère d'apprentissage ludique.

Enfin, adaptez le contenu au rôle spécifique de l'utilisateur au sein de l'entreprise. Vous pouvez, par exemple, montrer à une personne occupant un poste de direction un contenu qui l'aidera à encadrer les membres de son équipe et à superviser les processus de sensibilisation à la cybersécurité. De même, la sensibilisation à la cybersécurité revêt un thème très différent selon les services ou les domaines, comme la commercialisation ou le développement de logiciels. Vous devrez donc adopter une approche personnalisée pour chacun.

Des formats variés

De plus, variez les supports utilisés pour diffuser votre contenu et personnalisez-les en fonction des besoins de votre entreprise. Autrement, les utilisateurs ne se sentiront pas concernés et ne les prendront pas au sérieux.

Par exemple, le matériel de référence peut prendre la forme de bulletins d'information et d'images diffusées sur le poste de travail. Idem pour les meilleures pratiques. Déployez-les après les activités d'apprentissage ou utilisez-les pour promouvoir des thèmes clés que vous n'aurez pas eu l'occasion de couvrir pendant votre programme.

Vous pouvez également promouvoir votre message par le biais d'activités d'apprentissage en ligne courtes et attrayantes tout au long de l'année, comme le microapprentissage, le nanoapprentissage, les vidéos et les modules ludifiés de défis cybernétiques.

Une bonne accessibilité

Pour vous assurer que la formation soit bien assimilée, faites en sorte que l'utilisateur puisse la compléter de manière pratique. En d'autres termes, une formation de sensibilisation à la sécurité réussie doit être accessible à *tous* les utilisateurs et doit respecter les normes minimales d'accessibilité, voire les dépasser.

Une conception réactive

Par exemple, les utilisateurs travaillent de plus en plus en dehors du bureau. En conséquence, vous devez impérativement disposer d'un contenu adapté à tout type d'appareil mobile. De même, le contenu doit impérativement être offert dans divers formats compatibles avec les différents systèmes informatiques mis à la disposition des travailleurs de votre entreprise.

La ludification

La ludification complète parfaitement la formation de sensibilisation à la cybersécurité. La formation dispensée sous forme de jeu, avec accumulation de points et badges d'achèvement, motive les utilisateurs à acquérir de nouvelles connaissances en matière de cybersécurité. Si elles sont correctement mises en œuvre, ces mesures peuvent même transformer vos utilisateurs en ambassadeurs au sein de l'entreprise.

Un contenu de qualité

Enfin, la qualité du contenu fait également partie intégrante de la cybersécurité de votre organisation, car elle est directement liée au niveau d'achèvement de votre formation. Lorsque vous fournissez un contenu de qualité, vos employés comprennent que vous prenez ce thème au sérieux et ils sont davantage portés à revoir leurs habitudes en matière de cybersécurité; ce faisant, vous renforcez la sécurité de vos données.

Votre prochaine série de décisions relatives à la planification doit porter sur le contenu que vous souhaitez inclure dans les campagnes de chaque programmes. Pour arrêter votre choix, vous devez prendre en compte de nombreux critères, notamment les risques, le comportement à modifier, la motivation de vos participants, la culture de votre entreprise, votre budget de formation et votre capacité à mettre en œuvre et à distribuer le contenu sous différentes formes.

DÉTERMINER LES EXIGENCES EN MATIÈRE DE FORMATS POUR LES ACTIVITÉS

À quelles exigences minimales le format de votre programme de sensibilisation doit-il répondre? Il doit :
- répondre aux normes d'accessibilité;
- inclure une conception réactive pour les utilisateurs mobiles;
- inclure la ludification pour attirer l'utilisateur; et
- exploiter un système de gestion de l'apprentissage existant ou en acquérir un autre.

Personnalisation de votre contenu

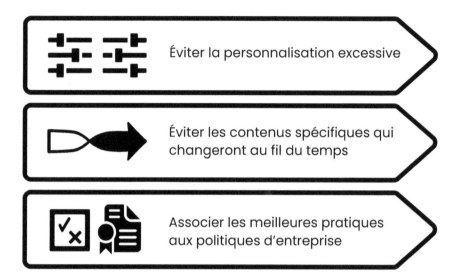

La personnalisation de vos communications motive davantage la participation. Vous pouvez personnaliser votre contenu en travaillant avec un modèle et en ajoutant des éléments qui rendent votre contenu plus attrayant et plus pertinent.

La personnalisation de cours peut comprendre :

- votre logo, les couleurs de votre marque et autres;
- des liens vers les politiques de votre entreprise;
- des exemples et des histoires vécues; et
- des photos, vidéos, graphiques et autres éléments visuels pertinents.

Considérations relatives à la personnalisation des cours

Lorsque vous personnalisez le contenu de votre programme, gardez les points suivants à l'esprit :

1. *Évitez de trop personnaliser*

Lorsque vous élaborez un programme pour la première fois, veillez à ce que vos EM ne couvrent pas trop d'informations dans un seul cours.

Votre objectif consiste à transformer les participants en défenseurs de la sécurité, et non pas en experts. Fournissez-leur les connaissances précises dont ils ont besoin pour adopter les meilleures pratiques et développer des comportements adéquats en matière de sécurité.

2. *Personnalisez votre programme avec des informations durables*

Les informations durables sont des informations qui changent rarement au fil du temps. Par exemple, plutôt que de fournir l'adresse électronique et le numéro de poste d'une personne-ressource au sein de votre entreprise, une information qui *changera certainement* au fil du temps, fournissez un point de contact général qui reste stable, comme votre service d'assistance. Vous pouvez également créer une boîte de réception INFOSEC générique pour recueillir et consolider toutes les rétroactions et les questions, ainsi que les préoccupations des participants.

3. *Associez la formation en matière de meilleures pratiques à vos politiques d'entreprise*

Incitez à une utilisation acceptable de la technologie en intégrant les énoncés de politiques pertinents en matière de meilleures pratiques. Vous pouvez également ajouter des liens vers l'emplacement de vos politiques internes afin de souligner leur importance.

Remarque : un lien ne doit être fourni qu'une seule fois, à la fin d'une activité ou d'un module, afin de réduire les distractions et le risque que les participants quittent le cours avant que celui-ci ne soit terminé.

Le contenu se présente sous toutes les formes et toutes les tailles

Chacun réagit différemment à un message. Heureusement, vous disposez d'un assortiment d'outils de sensibilisation à utiliser en fonction du contexte et du public cible.

Les moyens de communiquer votre message et votre contenu de sensibilisation à la sécurité comprennent :

- les formations en ligne;
- les présentations; et
- les outils de renforcement.

Les formations en ligne

La théorie sensorielle de Laird (1985) affirme que l'apprentissage se produit lorsque les cinq sens (vue, ouïe, toucher, odorat et goût) sont stimulés. La théorie de Laird suggère que si plusieurs sens sont stimulés, l'apprentissage est plus réussi. C'est  l'une des raisons du succès des cours et des jeux de formation en ligne interactifs; ils fournissent une rétroaction visuelle, auditive et tactile.[2]

Ces types d'outils peuvent vous aider à communiquer les connaissances et expliquer les meilleures pratiques, et à modifier le comportement humain. Vous pouvez également choisir parmi de nombreuses options. Les cours sont offerts sous différentes formes et durées, allant du microapprentissage de trois minutes aux cours de vingt minutes. Explorez toutes les façons d'améliorer l'expérience d'apprentissage, des exercices pédagogiques interactifs aux jeux, en passant par les questionnaires et les évaluations.

---

2   Dugan Laird, *Approaches to Training and Development: New Perspectives in Organizational Learning, Performance, and Change, 3e édition*, éd. Sharon S. Naquin et Elwood F. Holton III (New York : Basic Books, 2003).

Les avantages.

- atteindre rapidement un large public;
- répondre à des objectifs d'apprentissage bien précis; et
- obtenir une meilleure rétention grâce à l'interactivité de la formation en ligne.

Cibler les publics pour le contenu en ligne. Lorsque vous sélectionnez des modules ou des cours en ligne pour votre programme de sensibilisation à la sécurité, vous devez garder à l'esprit les publics cibles que vous avez identifiés à l'étape 1 – Analyser afin que le niveau du contenu de la formation soit adapté au rôle et aux responsabilités de chaque membre. Lorsque vous mettez les thèmes en contexte en fournissant des exemples précis, des risques et des conséquences potentielles pour le rôle, l'apprenant s'imagine mieux dans l'activité de formation et comprend l'importance des meilleures pratiques de sécurité.

Les publics cibles en interne.

- Personnel de direction[3]
- Gestionnaires[3]
- Utilisateurs (personnel général)
- Personnel informatique
- Rôles spécialisés (en interne)

Les tiers (autres rôles spécialisés).

- Sous-traitants
- Partenaires commerciaux
- Clients
- Fournisseurs

Considérations sur la formation en ligne

Lorsque vous planifiez et préparez la diffusion de votre formation en ligne, vous devrez prendre des décisions concernant certains aspects fonctionnels de la formation, soit :

- la participation obligatoire ou volontaire;
- l'évaluation et la notation; et
- la durée et la fréquence des cours.

La participation obligatoire ou volontaire. Devriez-vous opter pour une participation obligatoire ou volontaire? Bien que les deux options aient du mérite, la participation obligatoire :

- renforcera l'importance de la formation;
- assurera un taux de participation plus élevé;
- variera en fonction des conséquences appliquées en cas de non-participation,

---

3   Selon la culture de votre entreprise, les membres de la direction et les cadres supérieurs peuvent opter pour une présentation relative à la sensibilisation en direct plutôt que de choisir les cours en ligne.

telles que définies par chaque organisation;
- commencera par les nouvelles recrues;
- intégrera les suivis de la formation obligatoire et les escalades effectuées par les ressources humaines et les superviseurs des employés;
- limitera l'accès à certaines ressources ou à l'internet jusqu'à ce que les cours soient terminés; et
- augmentera le respect des obligations de conformité.

Si vous éprouvez des difficultés à atteindre le taux de participation souhaité, envisagez de :

- créer des modules plus courts et d'utiliser des formats variés;
- envoyer des notifications et des rappels en continu;
- liez l'achèvement du cours à l'évaluation annuelle du rendement.
- mettre des messages et des meilleures pratiques qui s'adaptent aussi dans la vie privée;
- envoyer des rappels de la part des superviseurs et des gestionnaires;
- mettre en place une compétition et des récompenses;
- saluer les meilleurs départements;
- présenter les performances de chaque département à l'équipe dirigeante;
- organiser des dîners-conférences et des séances d'apprentissage pour accroître l'intérêt; et
- nommer des ambassadeurs locaux ou par département pour promouvoir les activités de sensibilisation.

En général, fixez-vous des objectifs de participation et suivez-les dans le temps. Si la participation est insuffisante, vous devrez peut-être réviser votre campagne en cours de route ou modifier les prochaines activités du programme.

Enfin, assurez-vous qu'un contrat de travail ou une règle de syndicat ne va pas à l'encontre d'une formation obligatoire. Selon la situation, vous pouvez envisager un mélange de thèmes obligatoires et volontaires.

Évaluation et note de passage. Si vous le voulez, ajoutez une évaluation à la fin de votre formation en ligne. Le cas échéant, vous devez également fixer une note de passage. Ces décisions doivent s'harmoniser avec la culture de votre entreprise. Assurez-vous également qu'un contrat de travail ou une règle de syndicat ne va pas à l'encontre d'une notation individuelle.

Lorsque vous avez déterminé la note de passage, vous devez établir les conséquences d'un échec. Les personnes devront-elles repasser le cours en entier ou repasser simplement l'examen? Un parcours d'apprentissage personnalisé sera-t-il mis en place pour chaque utilisateur ayant échoué la formation et incorrectement réagi aux simulations d'hameçonnage, ou en fonction de son indice de la culture de sécurité?

Vous pouvez indiquer aux utilisateurs leur indice de sensibilisation à la sécurité, ainsi que leur pourcentage d'achèvement du programme et leurs résultats aux activités. Cela peut contribuer à développer la culture de la sécurité dans l'entreprise et à encourager les utilisateurs à s'investir davantage. Les entreprises sont également encouragées à mettre en place des parcours d'apprentissage individuels sur la base de l'indice personnel de l'utilisateur.

Suivez et fournissez des notes et des rapports d'avancement pour toutes vos activités telles que les questionnaires, les cours, les jeux, les simulations ou les mesures sur les différents types d'hameçonnage. En plus de mesurer vos efforts de formation, ces données vous permettront de démontrer la valeur de votre programme au fil du temps.

Durée et fréquence des cours. Lors du lancement d'un cours en ligne, veillez à ne pas intégrer trop de contenu simultanément. Vous risquez de submerger les participants et de les empêcher d'assimiler les connaissances essentielles, d'acquérir de nouvelles compétences et d'adopter les comportements souhaités.

La durée des modules d'une campagne doit s'aligner sur la culture et les opérations de votre entreprise. Par exemple, disons que votre entreprise vend au détail et que vous devez former vos vendeurs. Ces employés travaillent généralement en magasin, en interaction directe avec les clients, et non sur leur propre ordinateur. Par conséquent, vous devrez peut-être aborder leur formation différemment de celle des employés administratifs.

Vous pouvez leur demander de quitter le magasin pour une courte période afin de suivre la formation dans l'arrière-boutique. Dans ce cas, la bonne solution pourrait être des modules courts et rapides proposés une fois par mois. D'autre part, si vous formez déjà votre force de vente à distance et que vous prévoyez une réunion de vente semestrielle, le moment pourrait être bien choisi pour rajouter une séance de formation plus longue lors de cette réunion de vente.

Idéalement, une campagne ne devrait pas couvrir plus de trois ou quatre thèmes clés en quinze à trente minutes, chaque thème durant environ six à huit minutes.

Vous pourriez également lancer :

- un thème par mois;
- trois thèmes par trimestre; ou
- un cours par an.

Critères d'achèvement du cours. Que doit faire le participant pour obtenir le statut « Terminé »? Les participants doivent-ils obtenir une certaine note à l'évaluation pour obtenir le statut « Terminé » ou doivent-ils seulement terminer la formation et l'évaluation? Doivent-ils regarder certaines vidéos? Jouer à certains jeux? Ou encore réussir un défi?

C'est vous qui décidez, mais nous vous suggérons de permettre aux utilisateurs de refaire l'étape d'évaluation d'un cours si nécessaire. Cette approche permet de s'assurer que les utilisateurs disposent du temps nécessaire pour suivre le cours, s'acquitter des lectures obligatoires et répondre de manière adéquate aux questions d'évaluation, ce qui fait également partie du processus d'apprentissage.

Conseil : lorsque vous planifiez et préparez la diffusion de votre formation de sensibilisation en ligne, vous devez prendre des décisions concernant certains aspects fonctionnels de la formation.

Structure de l'entreprise. Les entreprises qui fonctionnant selon un modèle décentralisé, où la cybersécurité est gérée de manière indépendante dans chaque entité locale, doivent décider de la manière dont elles vont planifier et déployer les programmes de sensibilisation. Bien que chaque entité ait probablement une certaine discrétion sur les thèmes, le format et le calendrier qu'elle utilise, ces organisations-satellites peuvent fournir des critères pour la conception du programme et les attentes, tels que :

- la nécessité d'un programme de sensibilisation;
- les attentes en matière de participation;
- la nécessité d'un programme de simulation d'hameçonnage;
- les attentes en matière de rendement; et
- un cadre commun (ce livre).

Charge de travail et sentiment des employés. D'autres éléments essentiels à prendre en compte lors de la planification de votre programme sont la charge de travail des employés et le sentiment exprimé envers l'entreprise concernant la formation à la sensibilisation à la sécurité. Lorsque nous demandons aux employés de suivre une formation de sensibilisation à la sécurité, nous leur demandons d'accomplir des activités qui vont au-delà de leurs responsabilités principales. Ils peuvent se montrer réticents à consacrer le temps nécessaire et à interrompre leurs tâches quotidiennes. En fonction de votre entreprise et de votre public cible, étudiez les exemples suivants :

- Un établissement d'enseignement demandant aux professeurs de suivre la formation lors de journées pédagogiques.
- Une entreprise manufacturière demandant aux travailleurs postés de suivre la formation au début ou à la fin de leur quart de travail.
- Une organisation disposant d'une main-d'œuvre entièrement en télétravail permettant aux employés de suivre la formation de n'importe où, sur n'importe quel appareil et à n'importe quel moment.
- Une entreprise qui accorde à ses employés une ou deux heures de temps rémunéré par trimestre à condition que la formation soit suivie tous les trois mois (dure généralement trente minutes).
- Une institution financière qui associe l'achèvement du programme à des primes annuelles.

Dans tous les cas, vous devez tenir compte de la charge de travail, de la disponibilité, de la perception et de la satisfaction générale de votre public cible à l'égard de son environnement de travail avant de lui demander d'investir du temps dans une formation de sensibilisation à la sécurité.

CONSIDÉRATIONS SUR LA FORMATION EN LIGNE

Remplissez cette feuille de travail afin de vous assurer de ne négliger aucun facteur essentiel qui pourrait influencer la logistique de votre programme, campagne ou cours.

La participation à la formation est-elle obligatoire?
- Notez toutes les considérations particulières telles que les politiques de l'entreprise et les stipulations syndicales qui auront une incidence sur le caractère obligatoire de la participation.

Allez-vous imposer une note de passage?
- Si oui, veuillez préciser et noter tous les facteurs particuliers.

Vos différents publics cibles disposent-ils tous de leur propre ordinateur?
- Si non, lesquels n'en ont pas? Notez les mesures spéciales que vous pourriez prendre à la lumière de cette situation.

Quelle doit être la durée de vos cours et à quelle fréquence allez-vous les diffuser?
- Une campagne par trimestre : formation de vingt à trente minutes chacune.
- Une campagne par mois : formation de trois à dix minutes chacune.
- Notez tous les facteurs particuliers.

Et la formation des nouveaux employés dans tout cela? Devront-ils :
- Commencer par une formation ou une campagne en cours?
- Recommencer votre programme depuis le début?
- Recevoir un programme personnalisé où tous les éléments essentiels de la sécurité seront compris?
- Notez les formations basées sur les rôles.

Les présentations en direct

Malgré la grande utilité des cours en ligne, vous ne devez pas vous limiter à cette seule approche. Les présentations en direct constituent une meilleure option dans certains cas, notamment si vous devez faire accepter l'importance de vos  initiatives de sensibilisation à la sécurité. Le format des présentations en direct convient parfaitement pour partager des informations précieuses sur la sécurité avec les membres de la direction.

Utilisez les présentations en direct pour :

- présenter un aperçu de haut niveau de la stratégie de sécurité de l'information de votre entreprise;
- présenter l'équipe de sécurité de l'information de votre entreprise;
- démontrer que les risques liés à la sécurité de l'information sont des risques commerciaux;
- informer des menaces courantes et des meilleures pratiques (tant au niveau de l'entreprise qu'au niveau individuel); et
- fournir les éléments essentiels pour les discussions et les engagements futurs.

Les avantages.
- Ces présentations sont courtes (15 à 20 minutes), mais suffisamment longues pour couvrir les préoccupations particulières de ce public en matière de sensibilisation (par exemple, les menaces et les nouvelles pertinentes).
- Les membres de la direction, qui ont tendance à être très occupés, préfèrent généralement une courte présentation à une formation de sensibilisation en ligne.
- Vous pouvez ajouter votre présentation à l'ordre du jour d'une réunion.

Les publics cibles
- Personnel de direction
- Cadres supérieurs

Vous pouvez aussi utiliser les présentations en direct pour le public en général et lui permettre de poser des questions et d'entendre l'avis de ses pairs.

Ordre du jour

- Qu'est-ce que la cybersécurité?
- Pourquoi est-ce nécessaire?
- Programme de sécurité
- Cyberattaques courantes
- Conseils et astuces en matière de sécurité

Les outils de renforcement

Après le lancement d'une campagne, utilisez des outils de renforcement pour répéter les messages clés couverts par la formation de sensibilisation afin que les participants n'oublient pas les meilleures pratiques. Les vidéos, les bulletins d'information, les images sur le poste de travail, les bannières web, les jeux et les affiches ne sont que quelques-uns des moyens d'accroître la rétention, de garder la sécurité à l'esprit et, en fin de compte, d'atteindre les objectifs de votre campagne.

Les publics cibles.

- Personnel de direction
- Gestionnaires
- Utilisateurs (personnel général)
- Personnel informatique
- Rôles spécialisés

Les avantages.

- Les outils de renforcement font passer le message et maintiennent la sensibilisation à la sécurité en tête des préoccupations, de sorte que vos employés modifient leurs comportements et accordent la priorité à la sécurité de l'information.

- Avec autant de voies de communication à votre disposition, vous pouvez atteindre vos publics cibles de différentes manières par de nombreuses voies.
- Vous pouvez être créatif et percutant lorsque vous transmettez votre message. Par exemple, utilisez des outils de renforcement pour mettre en valeur les comportements souhaités dans des vidéos ou partagez des récits de « violations de sécurité » dans votre bulletin d'information.
- Des outils comme les micromodules sont efficaces pour mettre en évidence et renforcer les meilleures pratiques liées à un risque ou une menace particulière.

Sélection et personnalisation de vos outils de mesure

Qu'est-ce qu'un outil de mesure, exactement? Ils font partie d'un ensemble de mécanismes qui vous fournissent des informations pour évaluer l'efficacité de vos campagnes. Vous devez absolument disposer de ces outils, car ils peuvent vous fournir des informations et des données précises sur un large éventail d'indicateurs de performance, allant du taux de participation à la rétention des connaissances en passant par la satisfaction des participants. Vous pouvez ensuite les utiliser pour ajuster les campagnes ultérieures afin d'obtenir des résultats encore meilleurs.

Voici des outils de mesure puissants que nous conseillons pour chaque campagne de sensibilisation à la sécurité :

- les rapports et tableaux de bord de formation par SGA;
- les rapports et les tableaux de bord sur les simulations d'hameçonnage;
- l'évaluation des vulnérabilités; et

- les rapports sur les sondages et les questionnaires et tableau de bord.

Système de gestion de l'apprentissage

La plateforme de sensibilisation à la sécurité ou le système de gestion de l'apprentissage (SGA) utilisés lors de vos campagnes vous permettra de mesurer le taux de participation aux formations en ligne et de déterminer le pourcentage d'utilisateurs ayant terminé les cours.

Comme je l'ai expliqué tout au long de ce livre, vous devez définir des objectifs et des mesures, et produire des rapports sur les performances de votre programme afin de vous assurer d'atteindre les objectifs et les buts stratégiques de votre programme. Vous pouvez créer des rapports réels en utilisant la plateforme de sensibilisation à la sécurité ou le SGA en le configurant pour collecter les données relatives à la participation des utilisateurs.

Vous disposez alors de données tangibles que vous pouvez comparer à d'autres projets de sensibilisation à la sécurité et les présenter aux décideurs si nécessaire.

Les simulations d'hameçonnage

Les simulations d'hameçonnage sont un excellent outil pour mesurer la capacité de votre entreprise à reconnaître et à traiter les menaces de sécurité. *Remarque : Les simulations d'hameçonnage ne doivent pas inclure des publics cibles tiers sans leur accord.*

Les publics cibles
- Personnel de direction
- Gestionnaires
- Utilisateurs (personnel général)

- Personnel informatique
- Rôles spécialisés (en interne)

Les avantages

- Les simulations fournissent un aperçu quantitatif de la vulnérabilité de votre entreprise à l'hameçonnage et aux autres attaques par courrier électronique.
- Vous pouvez les utiliser avant et après une formation de sensibilisation pour déterminer l'efficacité de cette dernière.
- En complément, vous pouvez dispenser une formation juste-à-temps pour mettre en place un programme complet de sensibilisation à l'hameçonnage.
- Vous pouvez compléter ces simulations avec des rapports et des tableaux de bord en temps réel (s'ils sont disponibles avec la plateforme d'hameçonnage).

Considérations sur la simulation d'hameçonnage

Total des actions réalisées

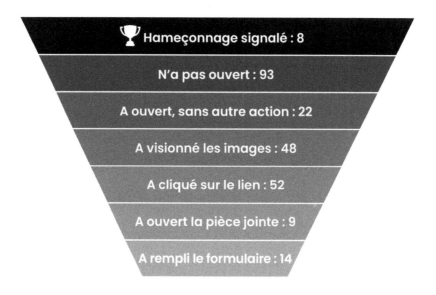

Lorsque vous préparez une simulation d'hameçonnage, vous devez procéder comme suit :

- Définissez clairement la stratégie et les voies de communication avant le lancement.
- Dites à toutes les parties prenantes concernées qu'elles seront informées lorsque vous effectuerez une simulation d'hameçonnage.
- Évitez d'envoyer les messages par ordre alphabétique si vous optez pour un déploiement progressif. Les participants peuvent se rendre compte que vous menez un test s'ils semblent se produire dans une sorte d'ordre.
- Effectuez la validation et le nettoyage des adresses courriel avant la simulation.
- Mettez en place un mécanisme de réponse pour l'équipe de sécurité, car les participants qui détectent l'hameçonnage peuvent le signaler comme réel.
- Partagez les résultats avec la direction et les participants.
- Prenez le temps d'apprendre aux participants qui n'ont pas reconnu l'hameçonnage ce qu'ils doivent faire dans cette situation. Nous déconseillons les réprimandes.
- Dispensez une formation juste-à-temps aux utilisateurs qui n'ont pas détecté la menace.
- Tenez compte des lois et réglementations locales relatives aux fraudeurs par hameçonnage.

L'évaluation des vulnérabilités

Évaluez le niveau de connaissance de vos employés en matière de sécurité de l'information en utilisant des techniques de piratage psychologique telles que :

- attaque par abandon d'USB;

- les simulations d'hameçonnage vocales;
- les simulations d'hameçonnage par texto;
- les exercices de talonnage; et
- les contrôles ponctuels de la mise en sécurité des documents.

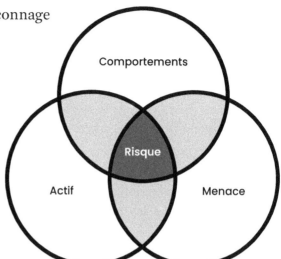

Les publics cibles

- Personnel de direction
- Gestionnaires
- Utilisateurs (personnel général)
- Personnel informatique
- Rôles spécialisés (en interne)

Les avantages

- L'évaluation des vulnérabilités donne un aperçu des tactiques complémentaires des cybercriminels dans le monde physique.
- Elle illustre le fait que toutes les atteintes à la sécurité ne se produisent pas en ligne.

Les sondages et les questionnaires

Les sondages, les évaluations et les questionnaires sont des outils de mesure efficace à utiliser avant et après votre programme de sensibilisation à la sécurité.

Lorsque vous utilisez un questionnaire, veuillez garder ces recommandations à l'esprit :

- Faites en sorte que le questionnaire soit court (10 à 15 questions).
- Fournissez une rétroaction à chaque réponse lorsque vous utilisez des questionnaires comme outils de sensibilisation.
- Ne donnez pas de rétroaction si vous utilisez les questionnaires pour mesurer le niveau de sensibilisation de votre public.
- Déterminez la taille de l'échantillon souhaité en fonction de la taille de votre population et visez un niveau de confiance d'au moins 95 % avec une marge d'erreur de 5 % dans les réponses.

Les publics cibles

- Gestionnaires
- Utilisateurs (personnel général)
- Personnel informatique
- Rôles spécialisés (en interne)

- Sous-traitants
- Partenaires commerciaux
- Clients
- Fournisseurs

Exemple de questionnaire

Question 1/125
Lesquelles des caractéristiques suivantes exposent les appareils mobiles à la perte ou au vol? Sélectionnez une ou plusieurs réponses.

☑ Leur transportabilité

☐ Leur connectivité

☑ Leur taille

☑ Leur valeur de revente

 La transportabilité, la petite taille et la valeur de revente des appareils mobiles les exposent à la perte et au vol.
La connectivité est également l'une de leurs caractéristiques, mais elle n'expose pas les appareils mobiles à la perte ou au vol.

Les avantages

- Les questionnaires et les sondages permettent de mesurer entre autres le niveau actuel de sensibilisation, les tendances comportementales, l'intégration de la culture, la satisfaction du programme.
- Ils vous permettent de hiérarchiser les thèmes de sensibilisation.
- Vous pouvez donner aux participants le choix de ne pas participer à la formation en ligne s'ils réussissent l'évaluation préalable à la formation.
- Vous pouvez mesurer les gains globaux et la rétention des connaissances (une évaluation avant et après la formation).

- Les questionnaires et les sondages vous aident à déterminer la culture et la motivation.

Définir vos indicateurs de rendement clés

Une fois votre contenu et vos objectifs de campagne sélectionnés dans votre phase de planification, la tâche suivante consiste à formuler vos indicateurs de rendement clés et vos mesures.

La collecte de données constitue un élément essentiel de votre programme de sensibilisation à la sécurité. Les indicateurs que vous établissez et collectez vous permettent de mesurer les progrès et la performance de votre programme, vous fournissant ainsi des informations cruciales sur son efficacité. (Ce thème est abordé plus en détail dans la section dédiée à l'étape 4 – Mesurer de ce livre).

Vos mesures doivent concorder avec les buts de votre programme et les objectifs de votre campagne. Par exemple, vous pouvez suivre les inscriptions aux cours, le niveau d'achèvement des cours, les résultats des simulations d'hameçonnage et d'autres indicateurs afin de déterminer si le public cible atteint les buts et objectifs déjà identifiés.

Lorsque vous décidez de vos paramètres de sensibilisation à la sécurité, vous devez vérifier si :

- ces mesures sont facilement disponibles;
- quelqu'un peut saisir ces indicateurs;
- ces mesures sont compréhensibles par les personnes à qui vous présenterez vos résultats; et
- votre équipe de sécurité approuve la fréquence de publication de vos indicateurs.

Les mesures communes

Lorsque vous déployez des campagnes de sensibilisation à la sécurité, vous avez une occasion unique de recueillir des informations qui vous permettent de savoir si votre programme de sensibilisation à la sécurité progresse bien.

Les mesures de sensibilisation se répartissent en cinq catégories différentes, chacune fournissant des informations précises sur votre programme ou votre campagne :

- les statistiques de formation;
- la satisfaction des participants;
- l'efficacité de la formation;
- Le rendement du capital investi (RCI)
- les indicateurs subjectifs.

Les statistiques de formation

Les mesures de cette catégorie sont principalement liées à la formation en ligne, dont :

- le pourcentage de participants qui ont terminé la formation;
- le pourcentage de participants qui n'ont pas encore terminé la formation;
- la répartition réussite/échec; et
- le taux d'achèvement des cours parmi les différentes unités organisationnelles et services.

La satisfaction des participants

Les mesures de cette catégorie sont liées à la satisfaction des participants et des parties prenantes à l'égard des campagnes de sensibilisation à la sécurité, dont :

- la facilité d'accès;
- l'attrait du contenu;
- la pertinence du contenu par rapport aux activités quotidiennes; et
- Le pourcentage de satisfaction globale

L'efficacité de la formation

Les mesures de cette catégorie sont liées à la détermination des ressources qui réduisent les coûts et maintiennent les normes de qualité, dont :

- les activités de sensibilisation les plus populaires, classées par coût;
- le nombre de participants par événement, trié par le coût moyen par participant;
- l'article le plus populaire du bulletin d'information, d'après les analyses; et
- l'engagement des participants par rapport aux outils de renforcement.

LE RENDEMENT DU CAPITAL INVESTI (RCI)

Les mesures de cette catégorie sont liées aux avantages d'un investissement en matière de changements de comportements positifs, dont :

- la réduction du nombre de tickets de réinitialisation de mot de passe;
- la réduction du nombre de reformatages d'ordinateurs en raison d'infections;
- la réduction du nombre de dispositifs informatiques volés ou perdus;
- la réduction des coûts liés à la fraude informatique pour l'entreprise; et
- la réduction des temps d'arrêt d'un ordinateur liés à des comportements à risque.

Les indicateurs subjectifs

- Les discussion de bureau portent sur des aspects du programme de sensibilisation à la sécurité.
- Les ambassadeurs du programme commencent à émerger.

- Des discussions informelles ont lieu sur des thèmes liés à la sensibilisation à la sécurité.
- Le financement des programmes de sensibilisation à la sécurité s'obtient plus facilement.
- Les sujets du programme de sensibilisation des cadres.

DÉFINIR VOS PARAMÈTRES DE MESURES

Pour chaque campagne de sensibilisation, établissez deux à trois objectifs. Pour chaque objectif, déterminez une à trois mesures:

- le nom de l'objectif;
- les metriques de soutien;
- la méthode de collecte et les sources;
- les résultats attendus;
- les indicateurs d'efficacité; et
- les actions de suivi en cas de réussite ou d'échec de l'objectif.

Lorsque vous déployez des campagnes de sensibilisation à la sécurité, vous avez une occasion unique de recueillir des informations qui vous permettent de savoir si votre programme de sensibilisation à la sécurité progresse bien.

Création de votre plan de communication

Pour que votre campagne de sensibilisation reste présente dans les esprits, vos communications doivent faire connaître votre campagne de manière stratégique aux publics cibles. Un calendrier de communication planifiée, mais souple, permet de  mobiliser vos publics tout au long de la campagne afin de réaliser vos objectifs de campagne, dont :

- atteindre un taux de participation élevé;
- augmenter la visibilité de la sécurité;
- maintenir la sensibilisation à la sécurité en tête des préoccupations; et
- développer une culture de la sécurité.

La cohérence est également essentielle, car elle contribuera à donner une image de marque à votre campagne et à établir une relation avec vos publics cibles. Un plan de communication comporte deux volets :

- la stratégie de communication; et
- le calendrier de communication.

Conseil : Nous vous recommandons vivement d'impliquer les services de communication, de commercialisation et de gestion du changement de votre entreprise dans votre stratégie et votre plan de communication. Leur expertise et leur expérience liées aux campagnes d'entreprise précédentes, ainsi que leur connaissance des événements à venir, s'avéreront très bénéfiques.

La stratégie de communication

Votre stratégie de communication doit déterminer les éléments suivants :

- Qui est responsable de la rédaction et de la signature des notes de service, des courriels et autres documents?
- Quels sont les meilleurs moments pour communiquer afin de maintenir la dynamique instaurée?

- les messages clés; et
- Dans quelles langues le matériel sera publié?
- Quelles sont les voies de communication préférées (par exemple, réunions, courriel, portail de sécurité)?

Communications efficaces

Que direz-vous au sujet de votre programme de sensibilisation à la sécurité et pourquoi? Votre message est-il clairement exprimé? Vos propos seront-ils interprétés de la manière prévue? Qu'attendez-vous concrètement de vos publics cibles? Agiront-ils?

Une communication efficace exige des faits, des connaissances et une compréhension de la culture d'entreprise. Vous devriez revenir à l'étape 1 – Analyser pour vous remémorer vos publics cibles, leur niveau de motivation, et vous en inspirer pour leur parler (c'est-à-dire sur quel le ton, le niveau de langage, les thèmes).

Faites participer votre équipe de sensibilisation à la sécurité et vos collègues au volet communication afin de vous assurer que vous êtes en phase avec votre public cible et que vous êtes sur la bonne voie pour réussir votre campagne.

Employez des moyens efficaces!

Allez-y et soyez créatifs. Attirez l'attention et ayez un effet positif.

Création de votre plan de communication

- Choisissez une variété d'outils de communication : affiches, bannières, courriels, intranet, etc.
- Créez une marque et commercialisez votre campagne pour obtenir une meilleure visibilité.
- Utilisez la plateforme de sensibilisation à la sécurité comme voie de communication, et pas seulement pour la diffusion de cours ou les tentatives d'hameçonnage.
- Rendez votre plan amusant!

Le calendrier de communication

Votre calendrier de communication doit expliquer clairement chaque activité de communication de chacune de vos campagnes, même si la stratégie de communication reste identique pour toutes. Le suivi des activités à ce degré de précision vous permet d'anticiper les difficultés que vous pourriez rencontrer sur d'autres sites, avec des utilisateurs à distance ou si vous utilisez plusieurs langues.

EXERCICE

CRÉATION DE VOTRE PLAN DE COMMUNICATION

Questions à se poser :

- Qui est responsable de la rédaction et de la signature des notes de service, des courriels et autres documents?
- Quels sont les meilleurs moments pour communiquer afin de maintenir la dynamique de départ?
- Quels sont les messages clés?
- Quelles langues seront utilisées pour communiquer?
- Quelles sont les voies de communication privilégiées (par exemple, les courriels, le portail de sécurité, les outils de collaboration interne)?

Conseil : vous travaillez peut-être dans le domaine de la sécurité de l'information, mais si vous voulez que votre programme de sensibilisation soit percutant, vous devez également penser comme un expert de la commercialisation ou de la communication afin que vos publics cibles répondent positivement à votre « incitation à passer l'action », qui est : *Faites partie de la solution. Prévenons ensemble toutes les violations de sécurité. Participez dès aujourd'hui à la formation de sensibilisation!*

Chaque calendrier de communication comprendra :

- une date;
- un expéditeur;
- des destinataires;
- la voie de communication utilisée;
- les messages clés; et
- les périodes à proscrire.

Date	Type de communication	Public	Expéditeur	Messages clés	Canal
	Lancement du programme de sensibilisation à la sécurité de l'information	Tous les employés		Informer l'utilisateur de la feuille de route et de la campagne à venir (ACCENT sur le programme et le motif)	Courriel
	Coup d'envoi de la campagne de sensibilisation			Informer l'utilisateur de la campagne à venir (ACCENT sur la formation en ligne)	Courriel
	Coup d'envoi de la campagne de sesnibilisation auprès des utilisateurs finaux			Cours en ligne + données d'accès	SGA
	Courriel de rappel numéro 1			Rappeler l'échéance et l'importance	SGA
	Courriel de rappel numéro 2			Rappeler l'échéance et l'importance	SGA
	Courriel de rappel numéro 3			Rappeler l'échéance et l'importance	SGA
	Courriel de remerciement pour l'achèvement du cours			Remerciement pour avoir terminé la formation	SGA
	Fin de la campagne de sensibilisation et résultats			Remerciement avec les mesures et les événements à venir	Courriel
	Lancement de la vidéo et de la lettre d'information			Renforcement	Courriel

Date	Type de communication	Public	Expéditeur	Messages clés	Canal
	Résultats de la simulation d'hameçonnage			Informer sur la simulation d'hameçonnage et sur les résultats	Courriel
	Lancement du sondage sur le niveau de sensibilisation			Comment et pourquoi y accéder?	Courriel

Les moments pour communiquer
- Avant le lancement
- Lancement de la campagne
- Pendant la campagne
- Après la campagne

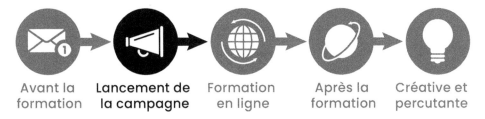

Avant la formation | **Lancement de la campagne** | Formation en ligne | Après la formation | Créative et percutante

Avant le lancement de la campagne.
- Annoncez le programme et la campagne à venir.
- Mobilisez les participants.
- Informez les participants de leurs responsabilités.

Je suggère généralement d'envoyer l'annonce concernant le programme une seule fois (ou une fois par an). Votre responsable de la sensibilisation à la sécurité doit la signer. Ensuite, envoyez une annonce de campagne pour chacune des campagnes.

Conseil : vous souhaiterez possiblement envoyer une ou deux communications distinctes, car vos messages clés peuvent être différents pour les gestionnaires et pour les autres participants.

Les communications du lancement de la campagne.

- Sont utilisées pour lancer officiellement la campagne de sensibilisation à la sécurité.
- Sont envoyées le jour de la mise en ligne de la formation. Ces communications doivent être concises et claires, et expliquer :
    - comment accéder à la formation en ligne (y compris les données d'accès au SGA);
    - si la formation est obligatoire ou volontaire; et
    - les dates de fin de formation exigées.
- Annoncent comment la simulation d'hameçonnage fera partie du programme de sensibilisation et comment les utilisateurs devront signaler les événements suspects.
- Annoncent et encouragent les utilisateurs à participer à des questionnaires et à des sondages et expliquent comment leurs réponses contribueront au développement du programme.

Pendant la campagne : Communications sur la formation en ligne. On commet souvent l'erreur de lancer une campagne sans l'alimenter par des communications supplémentaires. Pour maintenir la dynamique post-lancement, vous pouvez utiliser des communications appelant à des formations en ligne pour stimuler la participation.

Pendant la période de formation en ligne, utilisez les communications pour :

- mobiliser et motiver vos publics cibles;
- envoyer des rappels aux personnes qui n'ont pas encore terminé leur formation;
- envoyer des messages de remerciement aux personnes qui ont terminé leur formation;

- envoyer des certificats aux personnes qui ont suivi la formation; et
- partager les nouveautés et les rapports d'activité avec les participants.

Après la période de formation en ligne, utilisez les communications pour :

- informer officiellement vos publics cibles de la fin de la campagne;
- publier les résultats de la campagne;
- poursuivre le suivi auprès des personnes qui n'ont pas terminé la formation dans le délai imparti;
- informer les nouveaux embauchés des campagnes antérieures; et
- annoncer la prochaine campagne.

Maintenez vos publics cibles informés et engagés grâce à des communications créatives, stratégiques et bien conçues. Ces messages seront envoyés à différents moments cruciaux de votre campagne ou programme de sensibilisation à la sécurité.

Après la campagne, communiquez les résultats par :

- l'envoi des résultats du tableau de bord aux responsables de service;
- l'envoi des résultats aux utilisateurs sur leur propre tableau de bord;
- l'envoi des résultats des concours si vous avez intégré un concours;
- l'envoi à chaque utilisateur de sa note globale relative à la sensibilisation à la sécurité; et
- un message les avertissant de ce qui va suivre.

Conseils pour une communication créative et percutante

Les clés de votre réussite consistent à communiquer à des moments stratégiques et à faire en sorte que votre message soit attrayant. Les communications liées à la campagne doivent :

- Informer les participants sur l'accès à la formation en ligne, la date limite d'achèvement et les personnes à contacter pour obtenir de l'aide.
- Expliquer l'importance de la sécurité et pourquoi vous mettez en place un programme de sensibilisation à la sécurité.
- Présenter les thèmes de la formation en ligne dans une communication séparée avant le lancement de la campagne.
- Présenter une cohérence, une fluidité et une image de marque de vos communications. Par exemple, chaque message doit s'appuyer sur les communications précédentes. Ajouter un slogan de sensibilisation et un logo si besoin.
- Fournir une adresse courriel pour recueillir les commentaires des participants.
- Choisir les signataires en fonction de l'objectif et du contenu des messages. Par exemple, un membre de la direction ou le parrain du programme pourrait annoncer le programme ou la campagne.
- Pour les messages sur la manière d'accéder à la formation, il peut être préférable de présenter l'unité qui soutiendra le signataire.
- Une fois que les résultats du questionnaire sont compilés, identifier les points forts et les points faibles et transmettre des messages clés en fonction des résultats.
- Après une simulation d'hameçonnage, fournir un aperçu de haut niveau des résultats et rappeler aux employés les meilleures pratiques. Le scénario utilisé et les indicateurs seront partagés pour que même les personnes qui n'ont pas participé aient l'occasion d'apprendre.

Si vos communications sont créatives, percutantes et attirent l'attention, vous avez plus de chances d'atteindre le taux de participation souhaités.

Sélection et personnalisation du matériel de communication

Donnez un coup de pouce à vos campagnes de sensibilisation en utilisant différents outils de renforcement de la communication, tels que des affiches, des vidéos, des bulletins d'information, des courriels et des bannières Web pour :

- mettre en évidence les meilleures pratiques de sécurité;
- renforcer votre message global; et
- maximiser la visibilité du programme de sensibilisation à la sécurité.

Les publics cibles
- Personnel de direction
- Gestionnaires
- Utilisateurs (personnel général)
- Personnel informatique
- Rôles spécialisés (en interne)

Les avantages
- Faire connaître et promouvoir votre prochain programme de sensibilisation à la sécurité (par exemple, des affiches).
- Mettre en valeur votre message (par exemple, une vidéo d'accroche).
- Récapituler les connaissances nécessaires (par exemple, les bulletins d'information).

- Renforcer les connaissances (par exemple, par microapprentissage) sur un risque, une menace ou une meilleure pratique en particulier.

Présentation du programme de sensibilisation à la sécurité

Maintenant que vous avez établi et planifié toutes les composantes du programme, le moment est arrivé de tout regrouper dans une présentation soulignant les principaux éléments de votre programme de sensibilisation à la sécurité et vos stratégies de communication.

Conseil : présentez votre programme comme la solution à un problème commercial que vous souhaitez résoudre.

Votre public cible pour cette présentation pourrait être le comité de gouvernance de la sécurité, les membres de l'équipe de sensibilisation à la sécurité et d'autres parties prenantes.

Si vous devez étayer votre présentation d'arguments en faveur de votre programme, reportez-vous à la préface de ce livre, où j'explique toute l'importance de concevoir et de mettre en œuvre un programme de sensibilisation à la sécurité.

Conseil : une fois terminé, utilisez les diapositives clés de la présentation du programme de sensibilisation à la sécurité pour créer un résumé.

Considérations sur la présentation du programme

Une bonne présentation raconte une histoire convaincante, se comprend aisément et attire agréablement l'œil. Vous devez à tout le moins intégrer les éléments suivants dans la présentation de votre programme de sensibilisation à la sécurité :

- Une introduction générale sur l'état de la sécurité de l'information et sur le niveau actuel de sensibilisation dans l'entreprise (par exemple, résultats des évaluations, des hameçonnages et autres).
- Les obligations de formation en matière de sensibilisation aux aspects juridiques et réglementaires.
- La portée (thèmes), les objectifs, le public, le contenu et les indicateurs de rendement clés du programme de sensibilisation à la sécurité.
- Une feuille de route du déploiement de la campagne et les jalons du programme.
- Les membres de l'équipe de sensibilisation à la sécurité et autres contributeurs.

Les mises à jour de l'état du programme

Si les décideurs exigent des mises à jour périodiques de l'état du programme, donnez éventuellement les informations suivantes :

- les étapes, les délais et l'état d'avancement du projet;
- les résultats de la campagne, les enseignements tirés et un plan d'action pour remédier aux lacunes constatées.

Mises à jour sur la présentation du programme

Vous devez mettre à jour la présentation de votre programme au moins une fois par an, de préférence après chaque grande campagne de sensibilisation à la sécurité et avant chaque réunion des parties prenantes.

La présentation du programme constitue un document stratégique, alors seules les informations concernant les principales stratégies et les étapes y seront intégrées. L'utilisation de graphiques pour illustrer vos points est très utile.

Si nécessaire, des détails plus approfondis, tels que votre plan de communication, peuvent être fournis comme pièces justificatives.

Les sujets du programme de sensibilisation des cadres

Les programmes de sensibilisation à la cybersécurité sont des projets à grande échelle qui ont le potentiel d'influencer une organisation entière. C'est pourquoi vous devez impérativement obtenir l'adhésion des cadres des différents services. Les responsables des opérations et des finances sont les deux premiers groupes auxquels l'on pense, mais il peut être utile de s'adresser aux RH, aux responsables de la communication et à différents groupes commerciaux pour couvrir tous les fronts.

Bien que chaque service ait ses propres questions et problèmes concernant le programme, vous devez le présenter et expliquer vos attentes de la même manière pour tous. Le RSSI en personne doit animer cette réunion et la structurer de manière à :

1. Présenter les fonctions de sécurité de l'information de l'entreprise.
2. Démontrer que les risques liés à l'information sont des risques commerciaux.

3. Fournir les éléments essentiels pour les discussions et les engagements futurs.
4. Présenter la stratégie de sécurité de l'information à un haut niveau.
5. Informer des menaces courantes et des meilleures pratiques (tant au niveau de l'entreprise qu'au niveau individuel).

Il pourrait être utile de conclure cette présentation en partageant quelques préoccupations communes et des résultats favorables concernant les programmes de cybersécurité au sein des entreprises, par exemple :

1. La cybersécurité est désormais une question essentielle pour les produits et la chaîne de valeur et pas seulement une préoccupation informatique, car elle peut améliorer considérablement la vitesse de livraison et la stabilité des produits et des services.
2. Les attaquants auront toujours plus de temps à consacrer à l'élaboration de nouvelles attaques. D'où l'importance capitale des programmes de sensibilisation, qui reste le seul outil proactif de cybersécurité dans l'arsenal d'une entreprise.
3. À l'exception de quelques secteurs fortement réglementés, de nombreuses industries ne disposent pas d'une approche standard de la cybersécurité dans leur offre de produits.

Intégrer la cybersécurité dans la conception des entreprises, des produits, des systèmes, des processus ou des services dès le départ les rendra plus résistants et plus attrayants pour des domaines particuliers.

Créer et gérer un programme d'ambassadeurs de la sensibilisation à la sécurité

Une fois l'approbation de la direction obtenue, les budgets approuvés et les responsables directs informés des programmes, vous devez maintenant obtenir l'adhésion des employés eux-mêmes. La meilleure façon d'y parvenir consiste à mettre en place un programme d'ambassadeurs.

La mise en place d'un programme d'ambassadeurs commence par l'identification de quelques champions de la cybersécurité au sein du personnel, qui défendront votre cause en communiquant avec leurs collègues. Leurs tâches de sensibilisation peuvent aller du rappel de la formation aux collègues à la sensibilisation à cybersécurité lors des réunions d'équipe. Ces ambassadeurs peuvent même agir comme premier rempart en prenant la parole lorsqu'un comportement dangereux est constaté.

Cinq étapes

Voici les cinq étapes de l'élaboration d'un programme d'ambassadeurs de la sensibilisation à la sécurité :

Étape 1 – candidature ou nomination des premiers ambassadeurs

Une fois que vous avez identifié le temps à consacrer et les autres attentes du programme, les avantages ou les mesures incitatives qui peuvent être offerts, et les responsabilités précises du programme, envoyez un appel à candidatures ou à nominations.

Commencez par présenter clairement à quoi le programme des ambassadeurs de la sensibilisation à la sécurité les engage. Expliquez comment les employés et les membres de l'équipe peuvent s'inscrire au programme et encouragez-les à obtenir d'abord l'approbation de leur supérieur hiérarchique.

Les ambassadeurs ne doivent pas être des membres de l'équipe de sécurité de l'information et des personnes occupant des fonctions de direction. La culture de la sécurité se répandra plus facilement dans l'entreprise par l'intermédiaire d'ambassadeurs issus des équipes de terrain, plutôt que par la direction, car ce sont les pairs qui communiquent les directives à leurs pairs — les directives circulent rarement de haut en bas.

Étape 2 – examen et sélection des candidats

Lorsque vous examinez les candidatures et les nominations qui vous parviennent, sélectionnez vos premiers ambassadeurs pour former un échantillon représentatif des sites, des rôles et des divers services au sein de l'entreprise.

Au lieu de connaissances techniques, recherchez plutôt une attitude et un désir d'apprendre et de prendre des responsabilités. Idéalement, les candidats doivent bien connaitre leur région, comprendre leur service et les défis de leurs collègues.

Étape 3 – lancement d'un programme de formation et de mentorat

Les ambassadeurs devront disposer d'un programme de formation et de mentorat. Prévoyez une période d'au moins trois mois pour préparer votre groupe initial d'ambassadeurs.

Avant d'accorder l'accréditation interne à vos ambassadeurs, envisagez d'exiger que chacun d'entre eux suive tous les modules de formation à la sensibilisation à la sécurité déjà proposés et assiste à des ateliers de surveillance de la sécurité animés par des membres de l'équipe de sécurité. Demandez-leur également d'effectuer toutes les lectures obligatoires et de présenter la sensibilisation à la cybersécurité auprès leur unité commerciale pour s'entraîner à devenir la voix de la sécurité de leur équipe.

À terme, les ambassadeurs du programme seront en mesure de former la prochaine vague d'ambassadeurs.

Étape 4 – organisation d'une cérémonie de certification et d'intronisation

Ne manquez pas de reconnaître publiquement non seulement votre premier groupe d'ambassadeurs, mais aussi chacun des groupes qui suivra.

Envisagez d'organiser une cérémonie ou de demander à l'équipe de direction de reconnaître publiquement les ambassadeurs. Après tout, les membres de la direction sont désormais le point de contact au sein de leurs équipes et doivent promouvoir la sensibilisation à la cybersécurité.

Étape 5 – gestion et mesure du programme des ambassadeurs

Une fois le tout bien sur pied, assurez-vous que votre équipe de sécurité de l'information continue à fournir une communication et des ressources en continu aux ambassadeurs. Envisagez de créer un forum permettant aux ambassadeurs d'échanger des idées. Et si certains ambassadeurs doivent quitter le programme au fil du temps, assurez-vous de mettre au point un moyen d'intégrer de nouveaux ambassadeurs dans le programme.

Outre la gestion du programme, mesurez également son efficacité. Suivez le nombre et les types de demandes de renseignements ou d'incidents soumis ou signalés par les utilisateurs aux ambassadeurs. Regardez le nombre de demandes de renseignements soumises par les ambassadeurs à l'équipe de sécurité de l'information.

Et enfin, après une période prédéterminée, vérifiez si le programme a permis d'améliorer les comportements. Une façon d'y parvenir consiste à organiser une simulation ou un questionnaire sur l'hameçonnage avant le lancement du programme des ambassadeurs de sensibilisation à la sécurité, puis à nouveau plusieurs mois après le début du programme.

La ludification

L'objectif ici est le taux d'achèvement du contenu offert. Tout outil pouvant conduire à un taux d'achèvement plus élevé doit être employé, car il a une incidence directe sur l'efficacité du programme. La ludification peut s'avérer une solution hautement efficace à cet égard. Avant de mettre en œuvre la ludification, tenez compte de votre secteur, de la culture de votre entreprise, de votre public et de sa région. Le contenu ludifié peut paraître frivole, ne pas être accepté dans certaines entreprises ou même dérouter l'apprenant. Soyez prêt à relever ces défis en sélectionnant un contenu ludifié adapté à votre environnement et à votre public.

La ludification permet aux utilisateurs de s'engager davantage pendant l'apprentissage, d'offrir plusieurs moyens de fournir une rétroaction et améliore la rétention des connaissances.

La ludification s'inspire des systèmes utilisés dans les jeux vidéo pour récompenser les utilisateurs qui accomplissent des tâches virtuelles. Ces fonctionnalités peuvent prendre de nombreuses formes, et chacune répond à un objectif précis et une utilisation bien étudiée.

Les points

Grâce aux points, vous pouvez suivre le comportement souhaité, comptabiliser les notes et fournir une rétroaction. Les points attribués à la fin de chaque section d'un programme constituent une petite récompense et un moyen pour l'utilisateur de mesurer ses progrès.

Les badges

Utilisés pour représenter fièrement une réalisation, ces badges sont décernés à l'issue d'une partie du programme ou aux employés les plus performants. Veillez à les afficher à la vue de tous, par exemple en les intégrant aux signatures de courriel ou en les annonçant sur l'Intranet de l'entreprise.

Les niveaux

L'attribution de niveaux permet de reconnaître l'expertise de l'employé sur un thème particulier auprès de ses collègues.

Les tableaux de classement

Un tableau de classement accessible en interne favorise une compétition amicale entre les employés et peut constituer un autre moyen de mettre en valeur les points, les niveaux et les badges attribués.

Les récompenses

Les récompenses liées à la nature réelle du programme de cybersécurité sont par exemple des prix physiques tels que des cadeaux d'entreprise, des cartes-cadeaux ou même des collations.

La motivation, les conséquences et l'escalade

Les programmes de sensibilisation à la sécurité sont principalement réalisés par le biais du contenu lui-même, mais vous verrez probablement quelques traînards et des personnes moins attentives au cours du processus; c'est la nature humaine. Vous devez absolument disposer d'une procédure d'escalade bien établie et bien définie pour les personnes n'ayant pas semblé avoir compris le message (par exemple, les personnes qui cliquent à plusieurs reprises dans les simulations d'hameçonnage) ou les personnes qui violent les politiques.

Voici un exemple de procédure d'escalade qui devrait convenir aux entreprises de toutes tailles :

- Un échec ou une violation équivaut à un message de la sécurité informatique.
- Deux échecs ou deux violations équivaut à un message de la sécurité informatique avec le RSSI et responsable TI en copie.
- Trois échecs ou trois violations équivaut à un message de la sécurité informatique et du superviseur, avec le RSSI et l responsable TI en copie.
- Plus de quatre échecs ou quatre violations équivaut à un message de la sécurité informatique, du superviseur, du vice-président du service avec le RSSI et le responsable TI en copie.

Dans les petites entreprises, le chef de la direction peut s'impliquer personnellement. Dans les grandes entreprises, le chef de la direction peut être informé du service qui compte le plus de « cliqueurs » répétés, et faire pression sur le vice-président du service.

Les escalades visent à :

1. Informer la direction qu'elle compte un utilisateur à haut risque parmi ses employés.
2. Éduquer le cliqueur ou transgresseur et lui fournir les meilleures pratiques.
3. Aider la direction à comprendre les circonstances qui ont amené l'utilisateur à cliquer ou à ne pas suivre les directives de la politique.

Vous devez impérativement aborder les comportements souhaités et non souhaités afin d'intégrer efficacement la sensibilisation à la sécurité dans la culture de votre entreprise.

Les comportements souhaités

- 0 tentative ratée après X simulations (au moins 3) – sélectionnez deux ou trois personnes au hasard et, avec leur permission, reconnaissez-les au sein de l'entreprise comme des experts en détection d'hameçonnage sous toutes ses formes.
- Plus de trois tentatives d'hameçonnage signalées – choisissez deux ou trois personnes au hasard et, avec leur permission, reconnaissez-les au sein de l'entreprise comme de grandes vedettes contribuant à la protection de l'organisation et de leurs collègues.
- L'employé a remarqué une situation ou un événement et, en alertant le canal approprié, a empêché une violation de données ou un autre incident de sécurité de l'information.

Les comportements non souhaités (hameçonnage)

- Deux simulations d'hameçonnage ratées ou des attaques réelles – note du Département Technologie de l'information. Assignation d'une formation supplémentaire.
- Trois échecs équivaut à un message d'un superviseur avec le DSI en copie. Le message doit préciser comment des données d'accès ou des données volées peuvent affecter l'entreprise en fonction du rôle spécifique de l'utilisateur. Assignation d'une formation supplémentaire.
- Plus de quatre échecs équivaut à un message d'un superviseur avec le vice-président et le DSI en copie. Expliquez comment un nouvel échec peut entraîner la perte temporaire de l'accès à Internet. Invitez les cliqueurs à partager leur histoire avec leurs collègues lors d'une réunion du personnel ou d'une autre rencontre. Assignation d'une formation supplémentaire.

Les autres options

Vous trouverez ci-dessous quelques actions supplémentaires que vous pouvez intégrer aux procédures de suivi. Plus vous multipliez les occasions de communiquer avec vos utilisateurs, plus vous leur offrez des occasions d'apprendre.

Profils des utilisateurs. Vous pouvez également établir des profils d'utilisateurs en fonction du taux de clics et de la sensibilisation, et leur proposer un parcours d'apprentissage personnalisé.

- Nouveaux employés : jamais hameçonné, jamais formé.
- Ambassadeurs : jamais cliqué.
- A cliqué une fois : a cliqué lors de la dernière simulation.
- Cliqueurs fréquents : a cliqué dans X des Y simulations les plus récentes.

Suivi des simulations.

- Chaque simulation d'hameçonnage que vous réalisez vous donne l'occasion d'entrer en contact avec les participants et de leur fournir une rétroaction et des activités d'apprentissage :
- le déploiement de sondages pour évaluer les connaissances et les comportements au moment de l'événement;
- l'exposition à des scénarios d'hameçonnage à des fins d'information et de sensibilisation; et
- le déploiement plus fréquent d'activités de renforcement obligatoires, telles que le microapprentissage ou le nanoapprentissage.

Suivi des conséquences de la simulation. Pour les personnes qui ont été victimes d'une simulation, vous pouvez simuler les conséquences négatives d'une attaque d'hameçonnage. Utilisez par exemple les exercices suivants pour permettre aux utilisateurs d'expérimenter les conséquences négatives d'une attaque d'hameçonnage :

- La récupération des données d'accès : vous devez changer votre mot de passe, car il est maintenant compromis. Déterminez tous les systèmes et toutes les données qui pourraient être accessibles à un pirate informatique au moyen de vos comptes.
- Le logiciel malveillant et le rançongiciel : votre ordinateur est inutilisable pendant deux heures, le temps que nous supprimions le logiciel malveillant. Vous devez expliquer à votre responsable pourquoi vous ne pouvez pas travailler.
- Le vol d'identité : vous devez vous protéger, car on vous a volé vos informations personnelles. Établissez les étapes à suivre pour vous protéger contre la fraude et l'usurpation d'identité si vos informations personnelles sont utilisées.

FÉLICITATIONS!

Vous venez de terminer l'étape 2 – Planifier du cadre de sensibilisation à la sécurité en cinq étapes de Terranova Security.

Vous avez rassemblé des données, des informations et des idées très importantes qui vous permettront de prendre des décisions éclairées à l'étape 3 – Déployer.

Catégories du plan :

- Équipe
- Feuille de route
- Produit
- Indicateurs de rendement clés et mesures
- Communication
- Présentation du programme

Prêt pour l'étape 3 – Déployer? C'est parti!

TOUT LE TRAVAIL ACCOMPLI JUSQU'À PRÉSENT VOUS PRÉPARE À UN LANCEMENT EFFICACE.

ÉTAPE 3 : DÉPLOYER

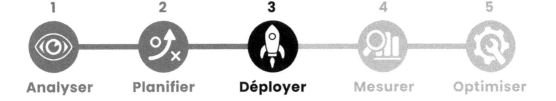

Bienvenue à l'étape 3 du cadre de la sensibilisation à la sécurité en cinq étapes de Terranova Security – Déployer.

Votre travail acharné, toutes vos analyses et vos planifications ont conduit à ce moment. Vous voilà prêt à déployer vos campagnes de sensibilisation à la sécurité.

La préparation du déploiement

Vous devez toujours déployer vos campagnes en trois phases :

- Les essais
  - Avant de lancer chaque campagne, testez les fonctionnalités techniques de votre campagne, votre contenu et l'interface utilisateur afin d'éliminer tous les bogues et de vous assurer que tout fonctionnera sans problème le jour du déploiement.
- Le lancement
  - Lancez la campagne et communiquez avec les employés.
- Les rappels
  - Renforcez vos messages de sensibilisation à la sécurité au moyen de divers outils de communication (par exemple, des affiches, des bulletins d'information, des bulletins électroniques et des bannières Internet, des vidéos, etc.) pour rappeler à tout le monde que leur participation est importante.

Tests 1, 2, 3

Avant le coup d'envoi, vous devez effectuer des tests préalables pour vous assurer que la campagne se déroulera sans accroc. Vous devrez envoyer des messages de rappel pendant et après votre déploiement afin de promouvoir les activités. Ainsi, vous pourrez plus facilement atteindre les objectifs de votre campagne de sensibilisation à la sécurité.

Faites en sorte que le jour du lancement vous stressez moins en effectuant des tests à l'avance!

Pourquoi effectuer des essais?

- Pour vérifier si votre environnement technique (c'est-à-dire les systèmes d'exploitation, les modèles informatiques, la bande passante) prendra en charge le programme.
- Pour minimiser les difficultés de déploiement imprévues en documentant et en corrigeant tous les problèmes découverts pendant la phase d'essais.
- Pour vous assurer de n'avoir négligé aucun détail essentiel concernant le déploiement.
- Pour vérifier le flux et la personnalisation du contenu.
- Pour améliorer vos chances de réussite.

Trouver du temps pour les essais

Afin de vous donner suffisamment de temps pour corriger les problèmes qui pourraient survenir pendant la phase de tests, n'oubliez pas de prévoir une période tampon dans votre calendrier de déploiement. Par exemple, un test réalisé une semaine seulement avant le lancement d'une campagne pourrait ne pas suffire pour corriger les problèmes éventuels. Pour cette raison, prévoyez au moins une semaine entière de tests, ainsi qu'une ou deux semaines supplémentaires pour apporter les modifications nécessaires.

Surtout, intégrez les tests à votre calendrier de communication en tant qu'activités réalisées avant le déploiement.

Trois principaux types de tests sont à réaliser avant un lancement :

- l'examen du contenu;
- les tests de compatibilité et de performance; et
- les essais pilotes.

L'examen du contenu

À l'étape 2 – Planifier, vous avez sélectionné le contenu de votre programme et l'avez divisé en une série de campagnes. Avant le déploiement, vous devez faire examiner le contenu et les activités de vos campagnes par des personnes clés afin de vous assurer que ces éléments correspondent aux besoins, aux objectifs et aux obligations de conformité de votre entreprise.

Idéalement, vous devriez passer en revue tout le contenu de vos campagnes de la première année afin de pouvoir lancer une nouvelle campagne à tout moment.

Pensez à demander aux personnes suivantes de participer au processus de révision :

- les experts en la matière qui passeront en revue le contenu et la personnalisation des cours et des questionnaires;
- les ambassadeurs de la sensibilisation à la sécurité qui passeront en revue les cours et les questionnaires et donneront leur avis sur le contenu et sa pertinence dans leurs activités quotidiennes;
- les locuteurs de langue maternelle qui passeront en revue la traduction des textes afin de s'assurer que la terminologie est correcte et appropriée à leur culture;
- les services concernés par le programme qui passeront en revue le contenu et les messages associés (par exemple, les services d'audit, de conformité, juridique, RH);
- les services internes, dans le cas de simulation d'hameçonnage; et
- les services de communication ou des RH si un sondage est réalisé. (Notez que certaines entreprises peuvent subir des restrictions sur la collecte des opinions des employés).

Conseil : Effectuez la révision du contenu le plus tôt possible afin d'éviter toute incidence sur la date prévue du lancement.

Conseil : n'oubliez pas de prévoir suffisamment de temps dans votre calendrier de déploiement global pour effectuer l'examen du contenu et procéder aux modifications nécessaires.

L'EXAMEN DU CONTENU

Dressez la liste des personnes qui doivent examiner votre contenu afin que celui-ci corresponde aux besoins, aux objectifs et aux obligations de votre entreprise.

Identifiez les personnes dans les domaines suivants :

- les experts en sécurité;
- les experts en politiques internes;
- les locuteurs de langue maternelle des langues choisies;
- l'équipe de gestion du changement; et
- les ressources humaines.

Les tests de compatibilité et de performance

Vous avez consacré tant de temps et de réflexion à votre campagne; vous ne voulez certainement pas découvrir un problème technique qui sabotera votre calendrier de déploiement le jour du lancement. Vous devez donc impérativement effectuer plusieurs tests de compatibilité et de performance avec l'aide de votre service informatique et celui des RH afin de vous assurer que tout est paré pour votre déploiement.

Intégration. Assurez-vous que les paquets SCORM (Sharable Content Object Reference Model) du cours en ligne sont compatibles avec le SGA de l'entreprise, le cas échéant. Ce n'est pas un problème si vous utilisez la plateforme du fournisseur de paquets SCORM.

Test de compatibilité avec les navigateurs. Vérifiez que les différents navigateurs Web et les appareils utilisés par vos participants pour accéder à la formation en ligne sont compatibles avec la plateforme de sensibilisation. Notez les navigateurs Web incompatibles et précisez la configuration requise lorsque vous envoyez votre courriel de lancement.

Test des facteurs des appareils. Testez absolument les paquets SCORM en utilisant les différents facteurs de forme de votre entreprise (par exemple, téléphones intelligents, tablettes, ordinateurs portables, ordinateurs de bureau). Si l'accès est autorisé à partir de dispositifs personnels, vous devrez effectuer des tests techniques supplémentaires. Notez les types d'appareils incompatibles et précisez la configuration requise lors de la formation et lorsque vous envoyez votre courriel de lancement.

Test de charge et de performance. Assurez-vous que votre plateforme et votre réseau peuvent prendre en charge le nombre d'utilisateurs susceptibles d'accéder simultanément au matériel de cours, en particulier lors du lancement initial ou à l'approche de la date limite de la campagne. Si vous utilisez la plateforme du fournisseur de paquets SCORM sur Internet, assurez-vous d'avoir suffisamment de bande passante Internet pour le volume et l'emplacement d'apprenants simultanés prévus pour le lancement.

Test de sécurité pour l'application SGA sur le Web. Si votre SGA est destiné au public, assurez-vous d'avoir mené des tests pour détecter les vulnérabilités et les corriger en conséquence.

Test de performance à distance. Sur les sites distants (comme les magasins), la bande passante du réseau peut être beaucoup plus limitée qu'au siège de votre entreprise. Si c'est le cas, échelonnez le nombre d'apprenants simultanés depuis ce site distant afin de réduire la demande simultanée sur la bande passante.

Test de performance de l'accès à distance (par exemple, réseau privé virtuel ou RPV). Les mécanismes d'accès au périmètre de sécurité peuvent affecter l'accessibilité et la diffusion de la formation en ligne. Par exemple, l'exécution d'un cours sur un RPV peut ralentir les animations du cours.

Paramètres du pare-feu et du filtre antipourriel. Si vous utilisez une plateforme externe pour envoyer vos courriels de lancement et de rappel, vous devrez probablement « imiter » votre adresse courriel pour qu'elle ressemble à celle d'un courriel interne. Vous devez informer votre équipe réseau de ne pas bloquer ces courriels au moyen des pare-feux ou des mécanismes antipourriels.

Synchronisation des utilisateurs. Vérifiez que la liste des utilisateurs se trouve sur la plateforme ou que le processus de synchronisation avec la plateforme génère une base de données exacte des apprenants.

Test de l'activité d'apprentissage. Vérifiez les éléments suivants pour chacune de vos activités de formation :

- la description, le titre et l'icône du cours;
- les critères d'achèvement et de réussite;
- la durée du cours;
- les notifications par courriel et les certificats; et
- l'accès au cours.

Test de simulation d'hameçonnage. Vérifiez les éléments suivants pour chacune de vos simulations d'hameçonnage :

- les modèles de courriels et de liens;
- le texte de la page d'accueil et les titres des onglets du navigateur;
- la page de commentaires et la formation associée; et
- la livraison du courriel et l'accessibilité aux pages Web.

Vérifiez également que les rapports ne contiennent pas de faux positifs et exploitez la liste d'exclusion d'adresses IP.

Tests des questionnaires et des sondages. Vérifiez les éléments suivants pour chacun de vos questionnaires :

- le lien d'accès et le mot de passe;

- les autorisations d'accès;
- le message de bienvenue et le mot de remerciement;
- le format question-réponse; et
- le texte (par exemple, lors de la référence aux politiques internes, services, procédures, etc.).

Intégration de la plateforme, de l'authentification unique et du provisionnement des utilisateurs. Si vous utilisez les fonctionnalités d'authentification unique ou SSO ou un système de gestion d'identité unique (SCIM) pour configurer vos apprenants, vous devez vous assurer du bon fonctionnement de leur inscription, de leur désinscription, de leur authentification et de leur autorisation.

Procédures d'assistance aux utilisateurs. Établissez des procédures pour votre personnel d'assistance et votre service d'assistance, puis testez ces procédures. Le personnel d'assistance doit être informé de la manière de traiter les appels relatifs à des problèmes liés à l'apprentissage et aux activités d'hameçonnage.

Rapport sur l'hameçonnage. Mettez en place un mécanisme permettant aux utilisateurs de signaler les tentatives d'hameçonnage suspectes. Votre mécanisme doit pouvoir filtrer les simulations afin que l'équipe d'assistance n'ait pas à trier les simulations. L'équipe d'assistance doit également être informée de la manière de répondre aux appels directs des utilisateurs signalant des courriels de simulation d'hameçonnage. Par exemple, vous ne voudrez peut-être pas informer l'appelant d'une simulation en cours. Vous pouvez simplement le remercier d'avoir signalé l'événement.

Paramètres du navigateur. Déterminez si le contenu de sensibilisation nécessite un paramétrage particulier du navigateur (par exemple, des fenêtres contextuelles) et qu'il est pleinement compatible avec les paramètres normaux de votre entreprise.

Vérification des rapports. Après avoir intégré la base de données d'apprenants, vérifiez si la plateforme peut générer des rapports répondant à vos exigences en matière de mesures et de conformité et que les regroupements de participants sont adéquats. Exploitez les filtres existants ou créez des filtres personnalisés pour obtenir des rapports plus détaillés.

Synchronisation des utilisateurs. Après avoir intégré la base de données d'apprenants, assurez-vous qu'un processus automatisé ou manuel est disponible pour maintenir la liste des apprenants à jour. Si le processus est manuel, vérifiez-le avant chaque envoi de questionnaire, chaque activité de formation et chaque simulation d'hameçonnage.

VOS TESTS DE COMPATIBILITÉ ET DE PERFORMANCE

Créez votre liste de personnes-ressources chargées d'effectuer les différents types de tests. Cela permettra d'éviter les problèmes techniques qui peuvent avoir des conséquences négatives le jour du lancement.

Test technique requis	Personnes-ressources	Date d'achèvement du test
Intégration		
Test de compatibilité avec les navigateurs		
Test des facteurs de forme		
Test de charge et de performance		
Test de sécurité pour l'application Web de la plateforme		
Test de performance à distance		
Test de performance de l'accès à distance (par exemple, réseau privé virtuel ou RPV)		
Paramètres du pare-feu et du filtre antipourriel		
Synchronisation des utilisateurs		
Intégration de la plateforme et de l'authentification unique		
Test de mises en production des procédures de surveillance du déploiement		
Fenêtres contextuelles		
Vérification des rapports		
Test d'activité du début à la fin		
Autres		

N'oubliez pas de prévoir suffisamment de temps dans votre calendrier de déploiement global pour réaliser vos tests de compatibilité et de performance, et procéder aux modifications nécessaires.

Les essais pilotes

Un essai pilote est un déploiement réel de votre campagne complète, y compris avec les courriels rattachés, mais cet essai est présenté à un public minimal. Ce test vous permet de résoudre tous les problèmes restants avant le déploiement réel à grande échelle.

Qui inclure dans votre projet pilote? Testez votre campagne sur un petit échantillon représentatif des publics que vous ciblez dans votre prochaine campagne. Si possible, sélectionnez des participants de différents points d'accès (par exemple, le siège de l'entreprise, des sites distants, un accès commuté à distance ou un RPV). De préférence, choisissez des personnes préalablement notées comme étant « intrinsèquement motivées » à l'étape 1 – Analyser.

Lors de votre essai pilote, assurez-vous d'inclure :

- Les ambassadeurs ou les promoteurs de la sensibilisation à la sécurité sélectionnés à l'étape 1 – Analyser;
- Les contributeurs supplémentaires sélectionnés à l'étape 2 – Planifier;
- les membres de votre équipe informatique, autant que possible, car ils vous fourniront des observations exploitables; et
- les locuteurs de langue maternelle de chaque région si vous déployez votre essai pilote dans plusieurs langues.

Questions relatives aux rapports. Mettez en place un mécanisme de rétroaction précis. Ainsi, les participants à votre essai pilote pourront signaler rapidement et efficacement tous les problèmes. Le rapport doit comprendre :

- une brève description du problème;
- les actions qui ont conduit au problème;
- une capture d'écran du problème, si possible; et
- les coordonnées de la personne qui signale le problème.

Capture de faux positifs. Pendant la phase d'essai, vous devez impérativement vous assurer que vos données de simulation d'hameçonnage seront exactes et ne compteront pas de faux positifs (des résultats de simulation signalés à tort comme étant une action indésirable de l'utilisateur). Si les résultats d'une simulation d'hameçonnage atteignent 100 % ou un chiffre tout aussi suspect avant qu'elle ne soit lancée auprès de tous les employés, votre équipe administrative chargée de la formation de sensibilisation doit creuser la question. Vous devrez peut-être ajouter des adresses IP à une liste d'exclusion ou procéder à d'autres optimisations techniques.

La fonction de « capture des faux positifs » de la plateforme de sensibilisation à la sécurité de Terranova Security permet d'éviter rapidement et facilement les faux positifs et offre la possibilité d'automatiser certaines tâches.

Les éléments à évaluer pendant le projet pilote.
- L'accès à la formation en ligne.
- Le contenu du cours.
- Le défilement des écrans de contenu de cours.
- La qualité audio du cours à différentes largeurs de bande passante.
- La diffusion des communications (par exemple, courriels, vidéos, bannières web).
- Les langues et la localisation.

Lorsque vous lancez votre projet pilote, demandez à votre personnel informatique de vous faire part de tout problème technique lié au projet.

VOTRE ESSAI PILOTE

Dressez la liste des différentes personnes appartenant aux services que vous souhaitez voir participer à votre essai pilote. N'oubliez pas : votre liste doit inclure les ambassadeurs ou promoteurs de la sensibilisation à la sécurité sélectionnés à l'étape 1 – Analyser, les collaborateurs supplémentaires sélectionnés à l'étape 2 – Planifier, et les membres de votre équipe informatique.

Identifiez les personnes dans les domaines suivants :

- Services informatiques
- Services de sécurité
- Service d'assistance
- Ambassadeurs de la sécurité
- Représentants de l'entreprise

N'oubliez pas de prévoir suffisamment de temps dans votre calendrier de déploiement global pour réaliser votre essai pilote, et procéder aux modifications nécessaires.

Le lancement de votre campagne
Communiquez, communiquez, communiquez

Le test est maintenant terminé et vous avez effectué toutes les modifications ou corrections nécessaires. Le moment est venu d'utiliser le plan de communication élaboré à l'étape 2 – Planifier. Vous pouvez donc commencer à envoyer les communications prévues avant le déploiement et déjà déterminées dans votre stratégie et votre calendrier de communication.

Pour un coup d'envoi réussi, demandez au parrain du programme de sensibilisation à la sécurité d'envoyer un courriel ou un contenu vidéo soulignant l'importance du programme ou de la campagne pour votre entreprise. Un autre bon moyen de lancer la campagne consiste à publier des annonces-mystères sur votre Intranet interne à propos de la campagne à venir. Essayez également de poser des affiches qui laissent entendre qu'un programme spécial est prévu.

Faites preuve d'imagination et trouvez des moyens de rendre votre public cible curieux de ce qui se prépare.

Le jour du lancement est arrivé

> Vous avez mis les les barres sur les *t* et les points sur les *i*. Vous voilà prêt pour le lancement!

C'est le jour du lancement. Vous avez l'intention de transformer la sécurité en un sujet de conversation brûlant.

À ce stade, vous devriez déjà avoir envoyé vos communications préalables à la formation en soulignant la nécessité de la campagne et d'autres détails importants tels que les thèmes couverts et l'obligation de participation, le cas échéant (voir l'étape 2 – Planifier).

Les *incontournables* de la communication du lancement de votre campagne

Au moment du lancement, vos messages communiqués par courriels, affiches, vidéos ou assemblée générale doivent clairement transmettre ce qui suit à vos publics cibles :

- la façon d'accéder à la formation en ligne (si vous envoyez ce message par courriel, inclure les instructions de connexion et l'URL pour accéder à la formation);
- la date limite prévue;
- les personnes-ressource pour obtenir de l'aide; et
- Si vous faites appel à un partenaire de sensibilisation, informez votre public que les communications peuvent provenir d'une source externe.

C'est votre occasion de briller. Soyez prêts, soyez visibles, et continuez sur votre lancée!

Vous voilà prêt pour le déploiement!

La phase de déploiement exige :

- une bonne préparation;
- une bonne visibilité; et
- de maintenir la dynamique de lancée.

Une bonne préparation

On peut facilement se laisser distraire par les détails à régler à la dernière minute et oublier l'essentiel, comme de s'assurer que tout le monde est prêt à passer à l'action.

Pour éviter la panique de dernière minute, prévoyez de dresser un état des lieux avec votre équipe un ou deux jours avant le lancement. Confirmez le rôle de toutes les personnes qui participent à la phase de déploiement avec elles. Planifiez un court appel ou envoyez un courriel avec un objet percutant. Si votre plateforme de messagerie ne vous permet pas de voir qui a ouvert votre message, rédigez un courriel portant le titre « Veuillez me confirmer que vous êtes prêt ».

Ce que vous devez savoir :

- Les membres de l'équipe connaissent-ils leurs responsabilités?
- Le personnel de soutien de la plateforme est-il prêt à intervenir?
- Avez-vous prévenu le service d'assistance? (Une augmentation des appels de demande d'assistance peut survenir suite au lancement).

Attendez-vous à l'inattendu! En vous assurant d'être bien préparé, vous réduirez les risques de faux pas.

VÉRIFICATIONS DE DERNIÈRE MINUTE

Dressez la liste de toutes les personnes des différents services qui jouent un rôle dans le déploiement de votre campagne, et ceci afin de vous assurer qu'elles sont toutes prêtes à agir!

Identifiez les personnes dans les domaines suivants :

- le service d'assistance;
- les ressources humaines;
- l'équipe de communication;
- l'équipe de direction; et
- l'équipe de soutien de la plateforme.

Cette liste vaut de l'or. Gardez-la à portée de main et veillez à communiquer avec toutes les personnes qui y figurent un jour ou deux avant le lancement afin de vous assurer qu'elles sont toutes prêtes à intervenir le jour du lancement.

Une bonne visibilité

Vous voulez susciter l'enthousiasme de vos publics et leur participation à vos campagnes. Heureusement, la sécurité de l'information se veut un thème assez tendance, surtout dans le monde actuel en pleine évolution de la cybercriminalité. Vous pouvez donc aisément trouver des moyens de créer un engouement autour de votre campagne, de la rendre passionnante et de la placer au centre des conversations. Par exemple, vous pourriez :

- Créer un événement autour du lancement, comme une rencontre avec des rafraîchissements.

- Poser des affiches accrocheuses dans les aires communes, comme la cafétéria ou les toilettes.
- Installer un guichet dans le hall d'entrée pour accueillir les employés et effectuer des démonstrations de formation.
- Promouvoir des cadeaux aux couleurs de votre marque (par exemple, des tasses ou des lingettes pour écran avec logo).
- Fournir à vos participants une adresse électronique unique pour vous contacter et vous faire part de leurs commentaires, suggestions ou critiques concernant leurs expériences de formation.
- Ajouter un tirage au sort pour les participants qui ont réussi le cours dans le temps requis.
- Organiser une compétition autour d'un jeu en ligne.

Conseil : faites en sorte que les employés parlent de sécurité informatique, augmentez les taux de participation et faites de votre campagne un succès monumental.

Tirez parti du Mois de la sensibilisation à la cybersécurité

Le mois d'octobre est devenu synonyme de cybersécurité. Nous vous conseillons donc de proposer des activités supplémentaires en lien avec la campagne internationale ou sur celle proposée par le gouvernement de votre région. Profitez de ce moment pour aborder des thèmes précis et les associer à la notion de citoyen numérique responsable et protégé. Autres périodes à considérer :

- Journée pour un Internet plus sûr (chaque année en février, la date varie)
- Journée de la protection des données (tous les 28 janvier)
- Journée mondiale du mot de passe (premier jeudi de chaque mois de mai)

REMUE-MÉNINGES POUR CRÉER L'ENGOUEMENT

Organisez un remue-méninges avec votre équipe de sensibilisation à la sécurité. Explorez des moyens créatifs d'inciter les employés de votre entreprise à parler de vos activités de sensibilisation à la sécurité. Par exemple, avec :

- des cartes heuristiques;
- une analyse FFPM (SWOT);
- un remue-méninges sur tableau blanc;
- une mise sur papier des idées; et
- une analyse des raisons.

Le remue-méninges peut s'avérer une excellente activité de renforcement de l'esprit d'équipe. Alimentez une ambiance amusante et positive en encourageant tous les membres de votre équipe de sensibilisation à la sécurité à partager leurs idées.

Maintenir la dynamique de lancée

Vous voulez attirer le plus grand nombre possible d'apprenants dès le premier jour de la formation. Toutefois, vous devrez peut-être communiquer plusieurs fois avec un pourcentage important de votre public cible avant de le voir participer.

Certaines personnes peuvent avoir de bonnes raisons, comme jongler avec une charge de travail importante ou être en vacances; elle peuvent simplement avoir besoin d'un rappel amical. D'autres peuvent être peu enthousiasmées par le sujet; vous devrez peut-être trouver des incitations pour les convaincre.

Si votre taux de participation est faible au début, restez positif et gardez à l'esprit la « règle de 7 » qui indique qu'un prospect doit entendre le message de l'annonceur au moins 7 fois avant d'agir ou de répondre à l'appel.

Conseil : vous devrez renforcer votre message pour que votre campagne reste dans les esprits et offre de bons résultats.

Restez présent dans les esprits

Trop souvent, une campagne est lancée en grande pompe, puis plus rien… Vous devez au contraire entretenir l'engagement et la motivation de vos publics en communiquant avec eux à des moments stratégiques tout au long de la campagne. Par exemple :

- Ne misez pas uniquement sur les courriels pour faire comprendre votre message. Pensez aussi aux :
  - balados (podcast);
  - écrans de télévision;
  - blogues;
  - graphiques;
  - bannières Web et économiseurs d'écran;
  - écrans dans les aires communes;
  - annonces lors de réunions du personnel;
  - canaux sociaux internes; et
  - documents et dépliants.
- Envoyez des rappels soulignant la date limite de participation et encouragez les non-participants à adopter cette nouvelle culture de la cybersécurité qui germe dans l'entreprise.
- Essayez un peu de ludification. Organisez des concours entre les différents services, divisions ou sites en publiant régulièrement le taux de réussite sur votre intranet.
- Utilisez des outils de renforcement engageants, tels que des jeux sérieux, des défis de cybersécurité, des vidéos interactives ou des graphiques.

Rendez vos activités obligatoires

Vous devrez peut-être rendre certaines des activités de sensibilisation obligatoires. Cela peut encourager les personnes qui ne sont pas intrinsèquement motivées à suivre la formation. Considérez ce qui suit :

- Lorsque vous présentez les cours comme étant obligatoires, le taux d'achèvement a tendance à être plus élevé.
- Chaque entreprise définit différemment le caractère obligatoire, qui varie en fonction des conséquences appliquées en cas de non-participation.
- Les entreprises instaurent couramment un programme obligatoire pour les nouvelles recrues.
- Les suivis de formation obligatoire et les escalades seront effectuées par les ressources humaines ou les relations de travail et les superviseurs des employés.
- Certains entreprises limiteront l'accès aux ressources ou à l'Internet jusqu'à ce que les cours soient terminés.

Augmenter le taux d'achèvement des cours

Augmentez votre taux d'achèvement aux cours grâce à ces méthodes :

1. Utilisez des modules courts et des formats variés.
2. Tirez parti des notifications et des rappels en continu.
3. Liez l'achèvement du cours à l'évaluation annuelle du rendement.
4. Insérez des messages et des meilleures pratiques qui s'adaptent aussi à la vie privée.
5. Envoyez des rappels de la part des superviseurs et des gestionnaires.
6. Mettez en place une compétition et des récompenses.
7. Récompensez les meilleurs services.
8. Présentez les mesures de performance du service à l'équipe dirigeante.
9. Organisez des dîners-conférences et des séances d'apprentissage pour accroître l'intérêt.
10. Nommez des ambassadeurs locaux ou par service pour promouvoir les activités de sensibilisation.
11. Fournissez ses résultats à chaque utilisateur en les comparant à ceux du service, de l'entreprise ou autre.

Renforcez votre message

Vous voulez que votre programme ou votre campagne de sensibilisation à la sécurité connaisse un grand succès. Cependant, les courriels et les notes de service suscitent un intérêt limité. Faites passer votre message en utilisant des outils de renforcement supplémentaires.

En fait, les outils de renforcement sont des outils de commercialisation qui attirent l'attention, sensibilisent sur un sujet donné et finalement, déclenchent des changements de comportement. Ils comprennent entre autres les affiches, les bulletins d'information, les bandes dessinées, les vidéos, les bannières Web et les jeux en ligne. Les utiliser en les combinant est parfois plus convaincant : vos publics sont plus susceptibles de se souvenir d'un message transmis dans une variété de formats.

Vous pouvez utiliser des outils de renforcement :

- pour que la sensibilisation à la sécurité reste ancrée dans les esprits; et
- pour renforcer votre message afin que les participants retiennent ce qu'ils ont appris et corrigent réellement leurs comportements à risque.

Conseil : l'utilisation d'outils de renforcement permet de maintenir la sensibilisation à la sécurité dans les esprits et d'augmenter considérablement l'efficacité de vos campagnes.

Types d'outils de renforcement

Nos clients trouvent ces outils de renforcement particulièrement utiles.

Les vidéos

Le contenu vidéo est extrêmement polyvalent et vous pouvez l'utiliser à toutes les étapes d'un programme de formation. Ce moyen s'avère particulièrement utile pour mettre en contexte certains des dangers de la cybersécurité que vous mentionnez à vos utilisateurs. Ces dangers qui peuvent leur sembler abstraits jusqu'à ce qu'ils voient les violations potentielles se produire dans un contexte quotidien familier. Après cela, les utilisateurs pourraient réaliser qu'ils doivent vraiment changer certains comportements.

Les affiches, économiseurs d'écran, bannières Web, bandes dessinées et fonds d'écran

Les rappels que les utilisateurs voient quotidiennement sur leur lieu de travail sont particulièrement puissants. Si votre personnel travaille encore au bureau, posez des affiches physiques sur les cloisons des bureaux et des postes de travail. Dans un environnement de travail hybride ou réalisé entièrement à distance, vous devrez faire preuve de créativité. Les fonds d'écran et les économiseurs d'écran axés sur la cybersécurité sont efficaces, car les utilisateurs les voient plusieurs fois par jour. Si votre entreprise utilise un intranet, les bannières Web peuvent également constituer un excellent moyen d'afficher des conseils et faire des rappels liés à la cybersécurité.

Les bulletins d'information

Un bulletin d'information au sujet de la formation à la sensibilisation à la sécurité peut servir plusieurs objectifs. Il peut contenir des outils promotionnels détaillés, un récapitulatif des principaux conseils et astuces en matière de cybersécurité, un aperçu des nouvelles possibilités d'apprentissage, voire une combinaison de ces trois éléments. Néanmoins, fixez des objectifs spécifiques pour bien cibler l'objet de votre bulletin d'information.

Les événements et activités de renforcement

Même si l'organisation d'événements et d'activités nécessite plus de ressources que les autres éléments de cette liste, cette façon de faire peut apporter un maximum d'avantages. Par exemple, lorsque vous organisez un dîner-conférence et une formation, en personne ou virtuellement, cela permet aux utilisateurs de poser des questions et d'obtenir des réponses sur le vif, et cela vous permet également de savoir ce que vos utilisateurs comprennent et ne comprennent pas. Vous pourriez également découvrir des problèmes non mentionnés lors des tests utilisateurs.

Important : vous pouvez compléter les outils de communication et de renforcement par des ressources internes et des canaux de communication tels que l' intranet, les portails de sécurité, les FAQ sur la sécurité, les fils d'actualité, les blogues internes sur la sécurité et les articles du bulletin d'information de votre entreprise.

EXERCICE

IDÉES DE RENFORCEMENT

Réfléchissez à des idées passionnantes qui maintiendront l'intérêt de votre public cible après le déploiement. Vous devrez peut-être faire appel à d'autres services, tels que la commercialisation et l'administration, pour déterminer les budgets et la logistique nécessaires à la mise en œuvre de ces idées.

Réfléchissez aux éléments que vous pourriez déployer et à quelle fréquence :

- les vidéos;
- les affiches;
- les écrans de veille;
- les bannières Web;
- les bandes dessinées;
- les fonds d'écran; et
- les bulletins d'information.

Pour chacun de ces éléments, déterminez :

- le thème;
- l'objectif (par exemple, promouvoir un programme de sensibilisation ou partager les meilleures pratiques);
- le créateur;
- la personne chargée du déploiement;
- le site d'hébergement;
- la durée; et
- les mesures de consommation.

FÉLICITATIONS!

Vous venez de terminer l'étape 3 – Déployer du cadre de sensibilisation à la sécurité en cinq étapes de Terranova Security.

Lorsque vous déployez une campagne, vous vivez un grand jour. Tout votre travail acharné se transforme en action et vous devez superviser un grand nombre de détails. N'oubliez pas de tester, de déployer et de poursuivre les campagnes avec des outils de renforcement bien choisis pour en assurer le succès.

Résumé des actions de déploiement

- Tester
- Déployer
- Renforcer

Prêt pour l'étape 4 – Mesurer? C'est parti!

LE SUCCÈS DE VOTRE PROGRAMME DE SENSIBILISATION À LA SÉCURITÉ DÉPEND SOUVENT DE LA MANIÈRE DONT VOUS PRENEZ, INTERPRÉTEZ, RAPPORTEZ ET SUIVEZ VOS MESURES.

QUATRE

ÉTAPE 4 : MESURER

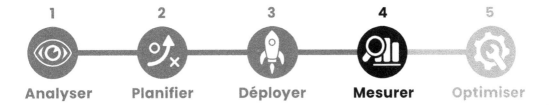

1	2	3	4	5
Analyser	Planifier	Déployer	**Mesurer**	Optimiser

Bienvenue à l'étape 4 du cadre de la sensibilisation à la sécurité en cinq étapes de Terranova Security – Mesurer.

Le déploiement de votre campagne de sensibilisation à la sécurité a commencé, et vous partagez des informations sur les performances globales. À l'étape 4 – Mesurer, vous utiliserez les paramètres définis à l'étape 2 – Planifier pour évaluer le succès de votre programme et de vos campagnes, et déterminer si vos objectifs sont atteints.

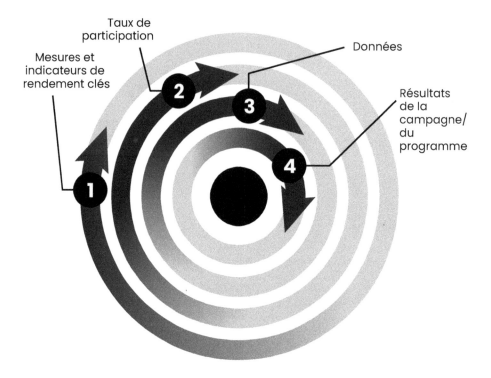

Ces mesures vous donneront des informations essentielles qui vous serviront à l'étape 5 – Optimiser. Vous comparerez les objectifs initiaux de votre programme aux résultats mesurables, puis vous fixerez les nouveaux objectifs de la campagne afin d'adapter vos prochaines activités pour qu'elles se révèlent encore plus efficaces.

Vous avez lancé votre campagne. Vous voulez maintenant mesurer clairement ses performances. La mesure des performances, de la satisfaction des participants et de la conformité vous permettra de déterminer là où des améliorations doivent être apportées au programme.

Au cours de cette phase, vous allez :

- **Définir et rassembler les données** : Mesurez vos progrès en fonction des paramètres prédéfinis.

- **Suivre le progrès** : Gérez et effectuez un suivi efficace de la campagne et du programme.
- **Rapports** : Communiquez des informations concernant les performances de la campagne aux services de votre entreprise et démontrez les performances par rapport à vos objectifs.

Définir et rassembler les données

Dans l'étape 2 – Planifier, j'ai décrit ce que vous deviez suivre après le lancement de votre programme ou de votre campagne de sensibilisation à la sécurité. Vous trouverez ci-dessous un récapitulatif des différentes catégories de mesures, suivi d'un examen des outils et des indicateurs que vous pouvez utiliser pour les mesurer.

Utilisez les sources suivantes comme points de départ pour définir les paramètres et rassembler les données :

- les rapports de la plateforme de sensibilisation à la sécurité, les sondages sur la rétention des connaissances et les questionnaires;
- le service d'assistance (émission de tickets) et les rapports d'incidents;
- les enquêtes de satisfaction post-campagne; et
- les commentaires obtenus depuis l'adresse courriel dédiée à la campagne (le cas échéant).

Les indicateurs de rendement clés

À l'étape 2 – Planifier, vous avez défini les objectifs associés à vos indicateurs de rendement clés. Vous suivez les indicateurs de rendement clés pour contrôler l'efficacité de votre campagne de sensibilisation à la sécurité. L'évaluation des indicateurs de rendement clés vous permettra de savoir si vos participants assimilent et appliquent leurs nouvelles connaissances. Par exemple, une réduction des incidents de sécurité indiquerait que vos campagnes contribuent à modifier les comportements à risque.

Les mesures sont définies dans trois domaines : la conformité, le comportement et la culture.

- La conformité : établie le nombre d'utilisateurs ayant participé aux activités de sensibilisation. Vous pouvez utiliser ces mesures pour démontrer que les utilisateurs suivent le programme, et que la direction a mis en place un programme pour informer ses utilisateurs (en respectant les meilleures pratiques).
- Le comportement et la connaissance : établi les connaissances que les utilisateurs ont conservées grâce aux activités de sensibilisation et les comportements utiles qu'ils ont adoptés.
- La culture : établie si les utilisateurs appliquent ce qu'ils ont appris lors des activités de sensibilisation. Vont-ils au-delà du minimum requis pour garantir un environnement de travail cybersécurisé ?

Lorsque les mesures ne sont pas accessibles dans un système, vous pouvez toujours collecter des données en utilisant des sondages, des questionnaires, des simulations d'hameçonnage, des exercices de piratage psychologique ou des audits. De cette manière, vous pouvez recueillir des données relatives à la perception des utilisateurs, telles que l'appréciation du contenu ou l'engagement des employés.

Les questionnaires adaptés à un rôle particulier ou à un segment d'employés peuvent offrir une analyse plus détaillée. Vous pouvez enregistrer les statistiques des personnes qui participent à un processus, une activité ou à une procédure commerciale particulière.

D'autres techniques de collecte de données comprennent des entrevues individuelles au cours desquelles les experts en la matière recueillent des informations et expliquent les risques dans un domaine ou un thème (par exemple, des entrevues avec des cadres, des parties prenantes clés, etc.)

N'oubliez pas de demander également à vos professionnels de la sécurité de l'information de noter et de communiquer leurs observations au responsable du programme de sensibilisation. Grâce à leur contribution, vous pourrez mieux comprendre comment les comportements communiqués par le programme de sensibilisation servent concrètement dans un contexte professionnel.

Pour planifier stratégiquement et élaborer un programme de sensibilisation axé sur la production de résultats tangibles, les objectifs doivent être clairs et définis. Si vous utilisez l'approche SMART, fixez des objectifs spécifiques (S) et centrés sur les buts à atteindre. Vos objectifs doivent être mesurables (M). Cette mesure viendra plus tard lorsque nous parlerons des paramètres et des indicateurs de rendement clés. Sélectionnez des objectifs qui soient atteignables (A) par votre entreprise ou votre secteur. Assurez-vous que vos objectifs soient réalistes (R) pour votre entreprise. Et enfin, fixez un délai temporel (T) pour atteindre vos objectifs, avec des révisions et des modifications périodiques.

1. Les statistiques de formation

Pilier des rapports de conformité, les statistiques de formation telles que le taux de participation peuvent également fournir des données sur les changements comportementaux et culturels. La plupart des systèmes de gestion de l'apprentissage vous permettent de suivre les statistiques de formation en temps réel (par exemple, le taux de participation, le temps nécessaire pour terminer la formation, les statistiques de réussite et d'échec, etc.)

Pour chaque campagne de formation en ligne, contrôlez :

- **Le succès de la diffusion,** en particulier des communications de lancement de la campagne et des instructions d'accès (par exemple, l'invitation par courriel a-t-elle joint tous les destinataires prévus?)

- **Le taux de participation.** Suivez-les rapidement et souvent. Bien que la participation soit souvent élevée pendant quelques jours après l'annonce initiale, elle a tendance à ralentir dans les jours suivants. En sachant cela, vous pourrez déterminer à quel moment vous devez procéder à un rappel. Par exemple, un faible taux de participation à un sondage volontaire avant la formation est une indication de la nécessité d'envoyer des rappels fréquents.

- **Le taux d'achèvement.** Vous devez absolument suivre le taux d'achèvement. Les utilisateurs peuvent commencer le cours sans le terminer, soit en raison d'une interruption ou de problèmes techniques.

- **Le temps passé en cours.** Lorsqu'un utilisateur termine un cours de quarante-cinq minutes en moins de dix minutes, le nombre de clic peut indiquer qu'il n'a pas entièrement suivi la formation.

Indicateurs de rendement clés	Mesures	Indicateur d'efficacité
Les utilisateurs sont conscients des risques et des contrôles en matière de sécurité de l'information	Le pourcentage de participants qui ont terminé la formation	Une augmentation de la fréquentation
	Le pourcentage de participants qui n'ont pas terminé la formation	Une réduction du nombre d'employés qui ont manqué une formation sans raison valable
	Le nombre d'utilisateurs de différents services ou unités qui ont suivi une formation spécialisée (par exemple, personnel informatique, RH, finances)	Une augmentation de la fréquentation

Indicateurs de rendement clés	Mesures	Indicateur d'efficacité
Augmentation du nombre d'utilisateurs qui suivent le cours complet sans sauter de contenu	Le temps passé à suivre des cours en ligne	Le temps passé est égal ou supérieur aux attentes
Les utilisateurs comprennent les menaces pour la sécurité et les meilleures pratiques	Résultats d'un questionnaire ou d'un sondage	Des scores plus élevés dans les questionnaires et les évaluations post-formation

2. Les statistiques d'hameçonnage

Votre analyse doit exploiter les données de chaque simulation afin de produire des rapports détaillés et suivre les tendances dans le temps.

Que vous réalisiez une simulation d'hameçonnage par courriel, par texto ou par appel téléphonique en direct, la première étape consiste à déterminer les objectifs de votre simulation.

Objectif 1 : Les liens malveillants

Les pirates informatiques utilisent souvent des liens pour lancer des cyberattaques, notamment pour le pollupostage, le vol de données d'accès, la fraude financière et la diffusion de logiciels malveillants. La capacité de détecter un message ou un lien malveillant est essentielle pour contrecarrer ces attaques.

Les liens malveillants peuvent se transmettre par courriel, par texto et par téléphone. Les utilisateurs peuvent même recevoir un appel téléphonique les invitant à visiter un site Web malveillant. Un geste simple comme celui de cliquer sur un lien suffit à compromettre un système présentant une vulnérabilité non corrigée de type « zero-day ».

Ces façons de procéder incitent les utilisateurs à cliquer sur un lien. Le pirate peut aussi combiner ces façons de faire à d'autres méthodes pour atteindre les objectifs ci-dessous.

Objectif 2 : Le vol de données

Le vol de données est l'une des menaces les plus dangereuses aux-quelles une entreprise peut être confrontée. En fonction des données qu'ils recueillent, les cybercriminels peuvent utiliser ces informations volées pour mener des attaques sophistiquées ou commettre des vols ou des fraudes financières.

Le cybercriminel agit ainsi pour récolter des données d'accès, des numéros de carte de crédit, des informations personnelles ou toute autre information sensible et utile pour lui. Le texte incite générale-ment les utilisateurs à cliquer sur un lien qui les amène à fournir des données sur un formulaire Web, ou un criminel peut utiliser le pira-tage psychologique pour demander ces données par téléphone.

Objectif 3 : Une pièce jointe infectée

Les virus sont une des menaces les plus courantes pour attaquer un système. Les virus sont souvent intégrés aux fichiers, transmis par courriel ou téléchargés sur l'Internet. Une fois ouverts, ils peuvent infecter un système pour corrompre des données, voler des infor-mations, rendre les systèmes opérationnels et rechercher et infecter d'autres systèmes sur le réseau. Les utilisateurs doivent être prudents et rarement ouvrir les pièces jointes provenant de sources inconnues ou non fiables.

Dans ces cas, on tente de convaincre les utilisateurs d'ouvrir une pièce jointe incluse dans le message électronique ou de les inciter à la télécharger sur Internet.

Résultats de simulations

Tenez compte des éléments suivants lorsque vous préparez vos ana-lyses et vos rapports :

1. Le nombre et la sélection des utilisateurs.
2. Les groupes ou les filtres pour obtenir des rapports plus ou moins détaillés.

3. Les objectifs et la complexité de la simulation.

Tous les scénarios d'hameçonnage ne se valent pas, et tous les scénarios ne sont pas pertinents pour toutes les entreprises et tous les utilisateurs.

Lors de la collecte des données de chaque simulation, tenez compte des points suivants dans votre analyse :

- les messages envoyés;
- les images visionnées (nombre et pourcentage d'utilisateurs qui ont vu les images);
- les liens sur lesquels on a cliqué;
- les informations soumises sur le site Web parmi tous les destinataires;
- les informations soumises sur le site Web parmi toutes les personnes qui ont cliqué;
- les pièces jointes ouvertes;
- l'hameçonnage signalé;
- les filtres par service, rôle ou selon un autre paramètre;
- les cliqueurs récidivistes; et
- les grandes vedettes (celles qui n'ont jamais cliqué).

Bien que la plupart des points de données ci-dessus soient explicites, développons certains thèmes qui soulèvent souvent des questions et constituent un défi lorsqu'on tente de les interpréter.

Les images visionnées. bien que ce comportement présente un risque relativement faible d'infection ou de compromission, le fait de télécharger des images indique à l'attaquant que le destinataire du message d'hameçonnage est valide et que sa curiosité est assez éveillée pour le pousser à télécharger consciemment les images. Le niveau de risque peut varier selon que les utilisateurs téléchargent automatiquement les images lors de la prévisualisation du message ou de l'ouverture du courriel depuis un appareil mobile.

Les informations soumises sur le site Web parmi toutes les personnes qui ont cliqué. les dernières données montrent que si les utilisateurs font confiance au courriel d'hameçonnage, ils sont susceptibles de faire confiance au site Web d'hameçonnage lié à ce message. C'est pourquoi vous devez absolument connaître le pourcentage d'utilisateurs qui ont soumis leur mot de passe ou d'autres informations sensibles sur un site Web d'hameçonnage. Plus important encore, vous devez recueillir les mêmes statistiques avec les personnes qui ont cliqué sur le message. Quel pourcentage d'utilisateurs n'a pas reconnu le site d'hameçonnage? L'obtention de ces informations vous aidera à déterminer où mettre vos efforts de sensibilisation : informer vos utilisateurs sur la manière de détecter un courriel d'hameçonnage, un site Web d'hameçonnage, ou les deux.

L'hameçonnage signalé. lorsque l'on examine les données relatives aux utilisateurs qui ont signalé l'événement d'hameçonnage, on doit absolument déterminer à quel stade de l'exercice cela s'est produit. Les utilisateurs ont-ils eu des soupçons en voyant le courriel et se sont donnés la peine de signaler l'événement, ou est-ce après avoir effectué une action telle que de cliquer sur un lien, une pièce jointe ou soumettre des données sur le formulaire fictif? Lorsque les utilisateurs signalent leur présence avant d'entreprendre toute autre action, cela indique une bonne compréhension des mécanismes de détection des hameçons. Lorsque les utilisateurs signalent un hameçonnage après avoir fait une action risquée, cela indique qu'une formation supplémentaire est nécessaire pour les renseigner sur les mécanismes de détection des hameçons. La bonne nouvelle pour vous c'est que les utilisateurs n'ont pas peur de signaler une de leurs mauvaises actions et que l'entreprise évolue vers une culture de sécurité positive. Quoi qu'il en soit, remerciez les utilisateurs d'avoir signalé des événements similaires et encouragez-les à continuer de le faire, même après avoir commis une faute.

L'interprétation des résultats

Notez que les résultats de chaque simulation sont les résultats de ce scénario précis et n'indiquent pas que ces chiffres seront les mêmes pour toutes les futures simulations ou même les attaques réelles.

Vous devrez obtenir la moyenne de plusieurs simulations et suivre la tendance au fil du temps pour trouver des indicateurs d'amélioration. Par exemple, consultez le tableau de la page suivante.

Simulation non réussie

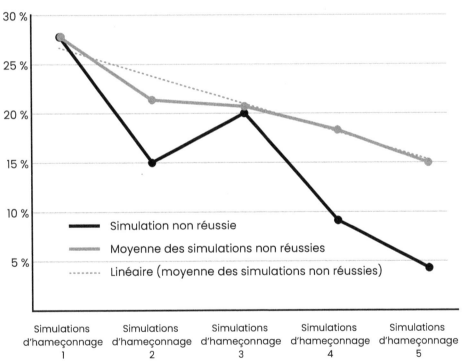

	Conformité	Comportement	Culture
IRC	Tous les employés ont reçu une formation sur la méthode d'attaque par hameçonnage	Réduction du nombre d'incidents résultant d'une attaque par courriel	Augmentation du nombre d'employés signalant des activités d'hameçonnage au centre de services
Mesures	Taux de participation aux formations	Enregistrements d'infections informatiques causées par des logiciels malveillants ou d'autres incidents dus à l'hameçonnage	Attaques d'hameçonnage signalées (par exemple, des simulations)
Indicateur d'efficacité	Augmentation du nombre d'utilisateurs qui participent à la formation en ligne	Réduction du nombre d'utilisateurs ayant ouvert des pièces jointes lors de tentatives d'hameçonnage réelles ou simulées	Augmentation du nombre d'utilisateurs ayant signalé des tentatives d'hameçonnage réelles ou simulées

La collecte et le traitement des actions des utilisateurs au cours d'une simulation doivent être transparents et conformes aux lois sur la protection des données en vigueur dans la région de l'entreprise ou là où se trouvent les utilisateurs. Veillez à limiter le type de données collectées. Par exemple, un scénario incitant vos utilisateurs à soumettre leur mot de passe ne doit pas recueillir le mot de passe réel.

Lorsque vous communiquez les résultats en interne, considérez le taux de clics comme étant extrêmement confidentiels et protégez-le en conséquence.

Le tableau de la page précédente est un exemple de la façon dont vous pourriez paramétrer vos mesures autour de l'hameçonnage.

3. La satisfaction des participants

Utilisez des sondages ou des questionnaires de « satisfaction et d'appréciation du contenu » pour recueillir des informations sur la perception qu'ont vos participants de l'importance de la sécurité et des connaissances qu'ils ont acquises lors de la formation. Envisagez de créer une adresse courriel dédiée à votre programme de sensibilisation à la sécurité afin de recueillir les commentaires des employés. Cette rétroaction permettra d'améliorer la campagne actuelle et les activités de sensibilisation à venir.

Indicateurs de rendement clés	Mesures	Indicateur d'efficacité
Le contenu est facilement accessible	Le nombre d'utilisateurs signalant des problèmes d'accès au cours	La réduction des problèmes signalés
La pertinence de la campagne par rapport aux activités quotidiennes	Le nombre d'utilisateurs déclarant pouvoir appliquer ce qu'ils ont appris	80 % des utilisateurs déclarant pouvoir appliquer ce qu'ils ont appris
La satisfaction des participants	Le pourcentage de satisfaction globale	80 % des utilisateurs sont satisfaits du contenu
Le matériel de formation est efficace	Le temps nécessaire pour suivre le cours est effectivement pris	Le nombre de participants ayant terminé le cours dans le temps imparti ou souhaité
La garantie d'un degré de difficulté approprié	Le nombre d'utilisateurs signalant un matériel trop complexe ou non pertinent	Moins de 20 % des utilisateurs déclarent que le matériel est trop difficile ou non pertinent
La garantie de l'exactitude de la traduction, le cas échéant	Le signalement de problèmes de traduction	La réduction des erreurs de traduction

4. L'efficacité de la formation

Les tickets du service d'assistance, les rapports d'incidents de sécurité, les évaluations de sensibilisation et les simulations d'hameçonnage sont de bons points de départ pour déterminer l'efficacité du programme et savoir si les employés appliquent les comportements souhaités.

Indicateurs de rendement clés	Mesures	Indicateur d'efficacité
Le niveau de classification détermine la méthode de traitement des informations	Le nombre de violations de données résultant d'un traitement inapproprié	La réduction du nombre de fuites de données résultant d'un traitement inapproprié de l'information
Les comptes et les mots de passe sont protégés	Le nombre de compromissions d'adresses courriel professionnelles ou de prises de contrôle de comptes professionnels	La réduction du nombre de données d'accès de compte volées en raison de comportements non sécurisés des utilisateurs
Le traitement et la protection des informations personnelles conformément aux principes, lois et règlements relatifs à la protection de la vie privée	Le nombre de violations des informations personnelles résultant d'un traitement inapproprié	La réduction du nombre de divulgations de données personnelles; réduction du nombre de documents divulgués
L'utilisation sûre et correcte des services Internet de l'entreprise	Le nombre de violations de politiques liées à l'utilisation inacceptable du service Internet de l'entreprise	Moins de cas d'accès à des contenus et à des sites interdits
Les utilisateurs sont capables de détecter les attaques d'hameçonnage et savent comment réagir	Le pourcentage des utilisateurs qui cliquent sur des liens malveillants	La diminution du pourcentage d'utilisateurs qui cliquent lors de simulations
	Le pourcentage d'utilisateurs qui signalent des tentatives d'hameçonnage	Augmentation du pourcentage d'utilisateurs qui signalent des tentatives d'hameçonnage

5. Les mesures globales : L'indice de sensibilisation à la sécurité et l'indice de la culture de la sécurité

Parlons maintenant de la culture de la sécurité. Une culture d'entreprise qui semble consciente de la sécurité est une culture où les meilleures pratiques de cybersécurité et la protection des informations sensibles contre les cybermenaces sont toujours dans les esprits. Nous mettons en œuvre un programme de sensibilisation parce que nous voulons créer une culture de la sécurité. Nous voulons :

- démontrer l'importance de la sécurité de l'information pour l'entreprise et les personnes;
- inciter les gestionnaires à devenir des ambassadeurs de la sécurité et de la sensibilisation, car tout programme de sensibilisation nécessite un soutien de la part de la direction et une approche verticale dans l'entreprise;
- changer les attitudes à l'égard de la sécurité qui ont pu être adoptées sans connaître les faits ou sans posséder les connaissances; et
- aider les utilisateurs à comprendre les conséquences de leurs actions ou inactions en matière de sécurité. Quelles seront les conséquences sur eux, leurs collègues, l'entreprise et les clients?

La culture concerne les opinions, les croyances, les points de vue et les sentiments individuels ou de groupe en matière de cybersécurité.

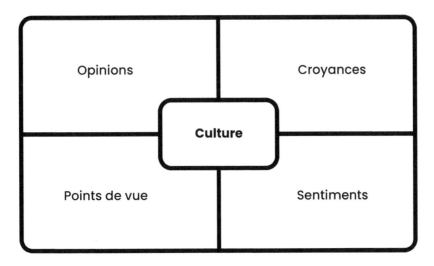

Les changer est difficile, tout comme de mesurer ce changement, et cela prend du temps. Mais vous devez le faire parce que le change-ment de culture :

- réduit les risques, minimise les incidents;
- économise temps et argent, augmente la productivité;
- assure la conformité; et
- favorise la responsabilisation des employés, donc la croissance.

L'indice de la culture de la sécurité

L'indice de la culture de la sécurité disponible sur la plateforme de sensibilisation à la sécurité de Terranova Security permet aux entreprises d'aller au-delà des évaluations unidimensionnelles de la sensibilisation à la sécurité et d'attribuer aux employés une notation unique basée sur les risques. Les notations sont basées sur les connaissances existantes en matière de sensibilisation à la sécurité, l'accès aux informations sensibles, les exigences en matière de rôle et d'autres données cruciales propres aux personnes.

En combinant une évaluation personnalisée des risques et des campagnes automatisées basées sur les risques, les entreprises peuvent :

- déterminer rapidement le niveau de risque en fonction du rôle, de la fonction ou de la région;
- réduire en toute confiance les risques liés au facteur humain grâce à des changements de comportement exploitables; et
- instaurer une culture cybernétique d'entreprise dans tous les services et toutes les équipes.

Cet indice se compose de deux éléments, soit l'indice de sensibilisation à la sécurité et le niveau de risque.

Tout d'abord, nous devons comprendre le niveau de sensibilisation actuel et souhaité, ce que nous appelons l'indice de sensibilisation à la sécurité. Il sera déterminé en fonction des activités réalisées, des progrès, des résultats et des informations recueillies sur la performance de la simulation. Parmi les autres apports, citons les questionnaires et les sondages qui vous permettront d'évaluer le niveau actuel de connaissance des utilisateurs en matière de bonnes pratiques, leur capacité à reconnaître les cybermenaces et leur réaction probable face à une situation nécessitant des mesures de sécurité appropriées. Voici la question à laquelle vous devez répondre : Les utilisateurs connaissent-ils les meilleures pratiques et ont-ils envie de les appliquer?

L'indice de la culture de la sécurité d'une personne s'appuie sur plusieurs facteurs qui permettent de créer des campagnes basées sur le risque qui répondent et s'adaptent aux changements de comportement.

Les points de données d'une personne comprennent :

- son rôle et sa fonction au sein de l'entreprise;
- ses autorisations d'accès aux informations sensibles;
- le nombre de courriels reçus sur une base quotidienne ou hebdomadaire;
- son implication dans des violations de données antérieures ou sa proximité avec celles-ci;
- sa participation et son achèvement des cours de sensibilisation;
- ses résultats lors de la simulation d'hameçonnage; et
- sa capacité à changer de comportement dans le temps.

Plus tard, lorsque vous déterminerez le niveau de risque pour chaque public, vous serez en mesure d'établir le parcours d'apprentissage à suivre par les utilisateurs pour atteindre le niveau souhaité de l'indice de la culture de la sécurité. Le rôle de l'utilisateur déterminera le niveau de risque, tout comme son environnement de travail, le type de données auxquelles il a accès, et d'autres éléments que la sensibilisation ne peut pas influencer.

Nous voulons utiliser des informations fondées sur des données qui sont uniques à chaque employé. Ces éléments vous permettront de mesurer le changement de culture au fil du temps et d'être prêt à rejoindre l'avant-garde de la formation à la sensibilisation à la sécurité ciblée en fonction des risques.

Vous savez que votre programme de sensibilisation à la sécurité fonctionne lorsqu'il influence la motivation (les participants veulent apprendre et appliquer leurs nouvelles connaissances). Vous remarquerez également que le taux d'achèvement de vos cours augmentent régulièrement au fil du temps, avec moins d'efforts pour talonner les utilisateurs ou pour procéder à une escalade pour non-conformité afin qu'ils complètent les activités.

En fin de compte, vous constaterez une augmentation de l'adoption des meilleures pratiques et un plus grand nombre d'utilisateurs signaleront les messages suspects et informeront leurs collègues. Faire le bon geste deviendra une seconde nature.

6. LE RENDEMENT DU CAPITAL INVESTI (RCI)

Les mesures liées au rendement du capital investi (RCI) sont simples.

Vous remarquerez que lorsque vous enregistrez une réduction des tickets de réinitialisation de mot de passe, d'appareils perdus ou volés, des coûts liés à la fraude et des incidents de temps d'arrêt causés par des comportements à risque, votre RCI augmente. En d'autres termes, votre campagne de sensibilisation à la sécurité devient rentable.

En effet, les conséquences financières d'une atteinte à la sécurité sont considérables et entraînent des coûts faramineux qui n'apparaissent pas toujours immédiatement :

- le temps passé par le service d'assistance ou les opérations de sécurité pour résoudre le problème;
- le temps nécessaire pour récupérer un ordinateur infecté par un logiciel malveillant, et le temps passé par le service informatique pour réparer et récupérer l'ordinateur;
- le temps nécessaire pour récupérer un serveur infecté;
- les effets négatifs sur la productivité et la perte de revenus si un serveur critique est infecté;
- le temps nécessaire pour restaurer un partage de fichiers chiffrés; et
- la réputation ternie et une diminution de la confiance des clients.

Un programme de sensibilisation à la sécurité ne réduira pas les coûts associés à un incident, mais il réduira considérablement la probabilité qu'un incident se produise et rendra la détection future plus rapide. À titre d'exercice intéressant, examinez votre budget et vos estimations de coûts. Étudiez ensuite les coûts associés à un incident de sécurité typique dans votre entreprise. Demandez à combien ils se chiffrent par an et établissez une comparaison.

C'est un excellent exercice à faire lorsque vous présentez les résultats de votre programme aux décideurs et aux cadres supérieurs.

7. Les indicateurs subjectifs

Certains des principaux indicateurs de la diminution des comportements à risque ne sont pas constitués de statistiques objectives; ils sont beaucoup plus subjectifs, et vous devez donc être attentif aux éléments suivants :

Indicateurs de rendement clés	Mesures	Indicateur d'efficacité
La création d'une culture de la sécurité	Les discussion de bureau sur des aspects du programme de sensibilisation à la sécurité	Un indicateur que l'enthousiasme et l'engouement se répandent
Créer un intérêt pour la sécurité de l'information	Des ambassadeurs commencent à se manifester au sein de différents groupes de travail	Un indicateur que la promotion de la sensibilisation et la direction se cristallisent
Les utilisateurs sont encouragés à s'informer et à discuter de la sécurité de l'information	Des discussions informelles ont lieu sur des thèmes liés au programme de sensibilisation à la sécurité	Un indicateur de la curiosité et de la sensibilisation au thème se transforme en « état d'esprit »
Le ton de la direction soutient la sensibilisation à la sécurité	Le financement pour les programmes de sensibilisation à la sécurité s'obtient bien plus facilement	Les dirigeants demandent des mises à jour et des rapports sur les performances du programme de sensibilisation à la sécurité

Les suivi des progrès

Lorsque vous rassemblez et analysez vos données de mesure, gardez à l'esprit les points suivants :

- Suivez les mesures et les indicateurs de rendement clés avant le déploiement du programme ou de la campagne afin de définir une base de référence à laquelle les résultats futurs seront comparés. Par exemple, utilisez une simulation d'hameçonnage ou un questionnaire pour établir une base de référence.

- Surveillez le taux de participation dès que vous lancez la formation en ligne et de manière continue afin de suivre les progrès et les tendances. Cela vous permettra d'évaluer si vous êtes sur la bonne voie pour atteindre vos objectifs. Si vous n'êtes pas sur la bonne voie, vous serez en mesure de prendre des mesures correctives.

Documentez vos mesures

Type de mesures basées sur les catégories précédentes :

- les indicateurs de rendement clés associés;
- l'objectif de l'IRC;
- la source des données;
- le responsable de la production de données;
- le public;
- la fréquence des rapports;
- les cibles;
- les indicateurs;
- l'emplacement et le format du tableau de bord;
- La tendance et la répartition des présentations (par exemple, par service, par région, par rôle);
- les actions de performance positives; et
- les actions de performance négatives.

La production de rapports

L'établissement de rapports appropriés et en temps voulu présente plusieurs avantages. Ils sont essentiels pour :

Améliorer la communication

Un mécanisme de production de rapports efficace vous permettra de communiquer des informations sur les performances de votre programme à tous les niveaux de votre organisation. N'oubliez pas : les détails fournis dans le rapport doivent être adaptés à votre public; plus le niveau du public est élevé, plus le rapport doit être macro. Par exemple, pour :

- Les cadres supérieurs : une progression du programme et quelques exemples de réussite.
- Les chefs de service : le taux de participation et le progrès du service.
- Les participants :
  - l'observation des meilleurs comportements et le succès des campagnes;
  - les gagnants de tirages au sort ou de concours destinés à mettre en valeur les utilisateurs qui ont fait preuve de bons comportements et ont évité un incident;
  - les statistiques sur la participation à la campagne pour montrer que l'ensemble de l'entreprise s'engage en faveur de la sécurité de l'information; et
  - la ludification et le classement pour promouvoir une saine concurrence. Cela permet à l'utilisateur de s'évaluer par rapport à ses pairs ou à l'ensemble de l'entreprise.

Améliorer l'efficacité

Le personnel chargé de gérer votre programme de sensibilisation à la sécurité sera en mesure de réagir rapidement aux événements et aux demandes des participants et de superviser le programme plus efficacement pour :

- diagnostiquer les problèmes techniques;
- permettre un suivi et des rappels ciblés; et
- établir un lien entre les événements et les comportements observés et les politiques et formations internes.

Augmenter la valeur

La planification, la prévision et la budgétisation que vous faites pour mettre en œuvre et gérer un programme réussi dépend largement de l'exactitude et de l'exhaustivité des données. Nous parlons notamment :

- des zones de vulnérabilité pour déterminer les priorités;
- de l'appréciation du contenu par le public; et
- des exigences en matière d'allocation des ressources.

Démontrer la conformité

Utilisez vos mesures pour démontrer une communication juste des politiques et procédures internes. En voici quelques exemples :

- les exigences de conformité des auditeurs;
- les exigences de conformité des organismes de réglementation; et
- l'étalonnage et la comparaison avec les pairs du secteur.

Valider le programme

Partagez les rapports et les résultats avec les décideurs qui jouent un rôle clé au sein de votre programme de sensibilisation à la sécurité. Votre rapport sur le RCI les intéressera tout particulièrement.

Produire des rapports

Les indicateurs sont d'abord des données brutes qui doivent ensuite être analysées, interprétées et présentées dans un format simple et attrayant pour accélérer leur traitement et la compréhension, c'est-à-dire dans un rapport. N'oubliez pas qu'une image vaut mille mots. Intégrez des graphiques dans vos rapports chaque fois que cela est possible.

Envisagez d'accorder aux responsables un accès aux rapports ou à un tableau de bord afin qu'ils puissent participer directement au programme et intervenir plus tôt si un soutien et des encouragements supplémentaires aux utilisateurs sont nécessaires. En permettant aux gestionnaires d'accéder aux performances de leur service, vous augmenterez la participation et engagerez tous les niveaux de l'entreprise dans la réussite de votre programme.

Lorsque vous préparez vos rapports, tenez compte des éléments suivants :

- En quoi ce rapport est-il pertinent pour le lecteur?
- L'information est-elle organisée dans un format qui apporte de la valeur?
- Les données du rapport peuvent-elles être croisées avec des données en provenance d'autres sources pour déterminer des tendances ou des symptômes (par exemple, si vous faites une GIES, fusionnez les données de la campagne avec d'autres données)?
- Devez-vous prendre des décisions fondées sur des résultats favorables ou défavorables?
- Avez-vous des recommandations d'améliorations à apporter en fonction des mesures rapportées?

Quelques exemples de rapports :

- Rapport de synthèse sur l'hameçonnage dans le temps;
- Résultats d'hameçonnage par difficulté de modèle;
- Résultats des cours par thème;
- Statut d'achèvement du cours par rapport aux résultats d'hameçonnage;
- Questionnaire sur les connaissances;
- Questionnaire sur le comportement;
- Questionnaire sur la culture;
- Achèvement des questionnaires dans le temps;
- Fiche d'évaluation de l'utilisateur; et
- Tableau de bord des utilisateurs par filtre.

Conseil : présentez vos conclusions dans un rapport concis, ciblé et bien organisé.

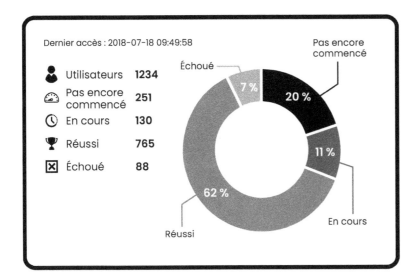

Exemple de rapport de données

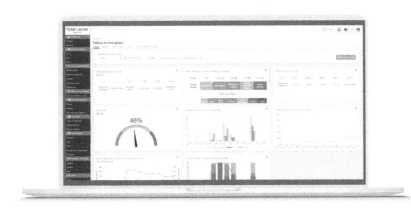

Tableau de bord général

Tableau de bord des cours

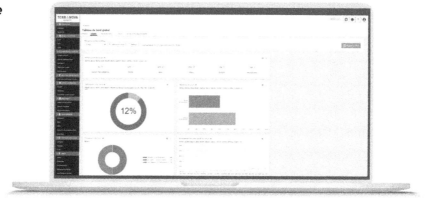

Tableau de bord des simulations

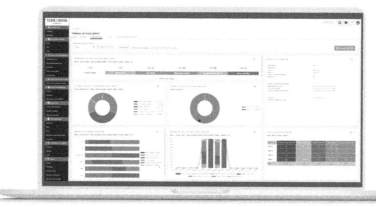

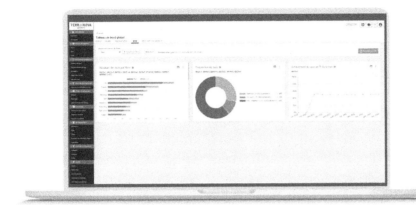

Tableau de bord des questionnaires

Tableau de bord des utilisateurs

Les tableaux de bord et les objets fenêtres augmentent considérablement la visibilité des performances du programme et permettent aux responsables de la sécurité de rapidement établir des rapports et d'ajuster le programme pour atteindre les objectifs souhaités.

Quelques exemples de rapports

Exemple – Rapport 1

Titre : Participation au programme de sensibilisation à la sécurité par service

Public : les responsables de service, gestionnaires du programme de sensibilisation à la sécurité, auditeurs et régulateurs.

Source : la participation à la campagne actuelle par service comme publiée dans le SGA.

Données : le nombre ou le pourcentage d'utilisateurs et leur statut (pas commencé, en cours ou bien réussi).

Fréquence : toutes les deux semaines pendant la campagne et tous les ans par la suite.

Format : les rapports sont envoyés par courriel ou accessibles dans les tableaux de bord du SGA.

Décision : si la participation n'atteint pas les niveaux attendus, le chef de service ou le responsable du programme doit émettre un rappel. Ce rapport peut également démontrer aux auditeurs et aux régulateurs quelle est la participation des employés aux activités de sensibilisation à la sécurité.

Exemple – Rapport 2

Titre : Rétroaction sur la formation en ligne de la campagne de sensibilisation à la sécurité

Public : le gestionnaire du programme de sensibilisation à la sécurité.

Source : l'enquête sur la satisfaction des employés.

Données : le pourcentage d'utilisateurs se déclarant satisfaits de la pertinence de la formation de sensibilisation en ligne par rapport à leur travail.

Fréquence : après la première campagne, et idéalement après chaque campagne.

Format : une présentation PowerPoint, une analyse des résultats de l'enquête.

Décision : En fonction des commentaires reçus, adaptez le contenu, le format, la durée ou le public cible de la formation. Les commentaires doivent être recueillis au début d'un programme afin de permettre des modifications opportunes avant le lancement des campagnes suivantes.

Exemple – Rapport 3

Titre : Incidents signalés par les utilisateurs

Public : le gestionnaire du programme de sensibilisation à la sécurité.

Source : les données sur les incidents signalés au service d'assistance, les données sur les incidents de sécurité de l'information, le questionnaire d'évaluation.

Données : le nombre et le type d'incidents affectant les utilisateurs (par exemple, vecteurs d'infection virale, victimes de piratage psychologique, violations de politiques, appareils volés, utilisation abusive de mots de passe, etc.), les domaines de vulnérabilité des utilisateurs.

Fréquence : mensuelle ou annuelle.

Format : une présentation PowerPoint, un tableau de bord de l'événement.

Décision : Si vous ne pouvez pas obtenir ces données rapidement au sein de l'entreprise, les rapports publics des chercheurs et des fournisseurs de services de sécurité indiquent la façon dont la plupart des failles de sécurité se produisent. Utilisez ces données pour adapter le contenu en fonction des vulnérabilités les plus courantes et hiérarchisez les thèmes en fonction de la fréquence et de l'incidence potentielle des événements nuisibles.

Exemple – Rapport 4

Titre : Tableau de bord des utilisateurs

Public : les utilisateurs.

Source : le système de gestion de l'apprentissage (SGA).

Données : le nombre et le type d'activités réalisées, les résultats des activités d'apprentissage, les jeux, les simulations, les questionnaires, l'indice de sensibilisation à la sécurité et l'indice de la culture de la sécurité, l'évaluation comparative par les pairs.

Fréquence : en mode dynamique.

Format : un tableau de bord en ligne.

Décision : lorsque les utilisateurs peuvent suivre leurs performances, ils sont motivés, ont davantage envie de participer aux activités et d'apprendre.

FÉLICITATIONS!

Vous venez de terminer l'étape 4 – Mesurer du cadre de sensibilisation à la sécurité en cinq étapes de Terranova Security.

Prendre le temps d'évaluer la performance de vos activités de sensibilisation à la sécurité permet d'obtenir des informations précieuses que vous pourrez utiliser pour améliorer votre programme. Cela vous permet également de démontrer aux décideurs l'efficacité de vos initiatives de sensibilisation à la sécurité.

Résumé des actions de mesure
- Définir et rassembler les données
- Suivre le progrès
- Produire des rapports

Prêt pour l'étape 5 – Optimiser? C'est parti!

LA FOLIE, C'EST DE FAIRE TOUJOURS LA MÊME CHOSE ET DE S'ATTENDRE À UN RÉSULTAT DIFFÉRENT!

— ALBERT EINSTEIN

CINQ
ÉTAPE 5 :
OPTIMISER

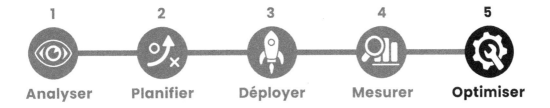

1 Analyser   **2** Planifier   **3** Déployer   **4** Mesurer   **5** Optimiser

Bienvenue à l'étape 5 du cadre de la sensibilisation à la sécurité en cinq étapes de Terranova Security – Optimiser.

C'est la cinquième et dernière étape du cadre de sensibilisation à la sécurité en cinq étapes de Terranova Security. Dans l'étape 4 – Mesurer, j'ai abordé brièvement le suivi des performances de votre campagne ou programme en recueillant et en analysant les données afin d'établir les domaines d'amélioration, et de commencer à élaborer un plan d'optimisation.

Vous devez impérativement donner suite à vos conclusions. Continuez à mettre à jour et à améliorer votre programme et vos campagnes de sensibilisation à la sécurité afin d'atteindre vos objectifs et faire en sorte que la sécurité reste la priorité de votre entreprise à long terme.

Vous voulez inculquer une culture de la sécurité..

Les avantages les plus importants de la collecte et de l'analyse des données sont que vous pouvez désormais établir les domaines d'amélioration et élaborer un plan d'action pour les traiter.

Pour une campagne donnée, vous devrez peut-être prendre des mesures particulières afin d'atteindre vos buts et objectifs. Par exemple, si la participation est faible, vous pouvez revoir votre stratégie de communication et envoyer un rappel plus engageant, en utilisant peut-être un support différent du support précédent.

Pour l'ensemble de votre programme, nous vous conseillons de revoir et de mettre à jour (si nécessaire) vos buts, vos objectifs de campagne, vos priorités et vos stratégies après chaque déploiement. Ainsi, vous pourrez décider si les leçons apprises peuvent être appliquées aux campagnes suivantes. Par exemple, en révisant votre feuille de route, vous réaliserez peut-être qu'il faut modifier les priorités et programmer d'autres campagnes.

Dans l'étape 5, nous allons explorer ces cinq étapes :

- Analysez vos paramètres provenant de l'étape 4 – Mesurer
  - Étudiez vos statistiques, interprétez vos données, vérifiez vos hypothèses et prenez des mesures correctives.

- Comparez vos résultats avec les objectifs de votre campagne et les buts de votre programme
  - Évaluez la situation actuelle et les lacunes de votre programme de sensibilisation à la sécurité.

- Comparez vos données avec celles des pairs de votre secteur d'activité ou avec leurs priorités et leur approche.
- Définissez des possibilités d'amélioration
  - Optimisez vos campagnes en fonction de vos indicateurs de rendement clés et de vos mesures.
- Établissez de nouveaux objectifs
  - Déterminez les changements à apporter à la formation et les objectifs comportementaux pour une campagne de suivi.
- Organisez une réunion de bilan
  - Une fois que vous avez rassemblé et compilé vos observations et les lacunes que vous avez découvertes, vous devez partager vos nouvelles connaissances avec votre équipe de sensibilisation à la sécurité afin de décider des points à améliorer.

Conseil : Si vous décidez d'apporter des changements importants afin d'optimiser votre programme, pensez à revenir à l'étape 1 – Analyser et à l'étape 2 – Planifier pour voir comment votre programme et vos campagnes doivent être remaniés.

Analysez les résultats de vos mesures

L'heure est aux chiffres! C'est le moment où vous retroussez vos manches pour passer en revue vos mesures et interpréter vos résultats. En effectuant ce processus, vous découvrirez là où votre campagne est vitale et là où elle est faible. Cela vous permettra de cibler vos mesures correctives et d'optimiser votre programme.

L'optimisation de votre programme de sensibilisation à la sécurité est un processus continu, qui fait partie de votre stratégie à long terme. Chaque campagne vous fera progresser un peu plus sur la courbe d'apprentissage, révélant de nouveaux éléments qui vous permettront de mettre sur pied une nouvelle campagne encore plus vigoureuse.

Concentrez vos efforts et vos ressources sur des activités correspondant à vos buts et à vos objectifs. Travaillez avec les indicateurs de rendement clés et les mesures que vous avez définis à l'étape 2 – Planifier, et les chiffres que vous avez recueillis à l'étape 4 – Mesurer.

Comparez vos résultats avec les objectifs de votre campagne et les buts de votre programme

Cette partie du processus nécessite plusieurs étapes et du temps pour analyser les résultats.

Tout d'abord, vous devez revoir les buts de votre programme et les objectifs de la campagne que vous avez déterminés à l'étape 1 – Analyser.

Répartissez vos objectifs de sensibilisation en trois catégories :

- Les risques et les comportements
  - Pour réduire les risques et favoriser les changements de comportement
- La culture de la sécurité
  - Pour inculquer ou renforcer une culture de la sécurité
- Les obligations de conformité
  - Pour garantir le respect des obligations de sécurité ou des obligations légales de votre entreprise

Comparez ensuite vos objectifs aux résultats de votre campagne réelle.

Évaluez la situation actuelle et déterminez les lacunes de votre programme de sensibilisation à la sécurité. Votre équipe peut comparer vos objectifs aux résultats obtenus après chaque campagne ou à chaque année. Après une activité importante, prévoyez du temps avec les acteurs clés de votre équipe de sensibilisation à la sécurité pour effectuer cette révision.

Pour comparer vos objectifs aux résultats, dressez d'abord la liste des objectifs du programme établis à l'étape 1 – Analyser, en les classant dans les catégories suivantes : les risques et les comportements, la culture de la sécurité et les obligations de conformité.

Ensuite, transcrivez dans la première colonne les objectifs de la campagne que vous avez établis à l'étape 2 – Planifier. Notez les résultats dans la deuxième colonne, puis établissez les éventuelles lacunes ou insuffisances dans la troisième colonne.

Définissez des possibilités d'amélioration

Une fois que votre campagne est lancée, vous pouvez rencontrer un certain nombre de problèmes. N'oubliez pas que votre programme de sensibilisation à la sécurité n'est pas un projet, c'est un processus continu. Chaque question qui se pose est une occasion d'améliorer votre programme global et de peaufiner vos prochaines campagnes.

Après avoir aidé des milliers de clients à élaborer et à déployer leurs programmes de sensibilisation à la sécurité dans le monde entier, nous avons observé que les problèmes qui créent des occasions d'amélioration se répartissent en trois catégories bien précises.

Les possibilités d'amélioration :

- la surproduction;
- les problèmes techniques; et
- les questions logistiques.

La surproduction – Trop, c'est trop!

Parfois, moins c'est mieux. Évitez la surcharge d'informations en bombardant les utilisateurs avec :

- des modules de formation en ligne trop longs et leur faire perdre du temps; et
- un contenu qui n'est pas pertinent pour eux ou pour leur fonction.

Dans votre plateforme, notez le temps nécessaire aux participants pour compléter les différents modules. Est-ce qu'ils les commencent, mais ne les finissent pas? Si c'est le cas, comparez-les aux durées recommandées à l'étape 2 – Planifier, et assurez-vous d'avoir sélectionné le bon contenu pour chacun de vos publics cibles.

Gardez ce problème en tête lors de la planification de votre prochaine campagne et concentrez-vous davantage sur la sélection du contenu. Ensuite, lors du prochain déploiement d'une campagne, surveillez les chiffres de participation à la formation et mesurez les améliorations éventuelles. Ainsi, vous récolterez un taux de participation plus élevé et, par conséquent, un succès plus retentissant. Les résultats de votre simulation d'hameçonnage et de votre questionnaire le prouveront.

Les problèmes techniques : Dépannage après coup

Dans la phase de prélancement de l'étape 3 – Déployer, j'ai décrit la nécessité d'effectuer des tests avant le lancement, notamment un essai pilote. Supposons que des problèmes techniques surviennent alors que votre campagne est déjà en cours. Dans ce cas, les temps d'arrêt subis pendant que votre service informatique corrige les problèmes vont faire dévier votre programme, créer des retards et nuire à votre réussite.

Parmi les problèmes techniques courants, citons :

- le contenu ne s'affiche pas correctement sur les appareils électroniques ciblés (par exemple, tablettes, ordinateurs portables, téléphones intelligents, etc.), ce qui rend impossible l'achèvement d'un module;

- les difficultés d'accès et la complexité du processus d'authentification sur la plateforme incitent les utilisateurs à abandonner la formation;
- des problèmes de bande passante ralentissent le contenu ou perturbent le son de la formation;
- des fenêtres contextuelles bloquées quand elles sont nécessaires au bon déroulement de la formation;
- des paramètres de sécurité du navigateur incompatibles; et
- des problèmes d'accessibilité pour les utilisateurs souffrant de handicaps.

Si un problème technique survient au cours d'une campagne, alertez les membres de l'équipe d'assistance pour que ce problème soit résolu le plus rapidement possible. Revoyez ensuite votre feuille de calcul des tests de compatibilité et de performance de l'étape 3 – Déployer, pour vous assurer d'inclure davantage de tests et de dépannage dans votre prochaine campagne et de planifier ces tests bien avant la date de lancement.

Les questions logistiques : Mener tous les projets de front

Lors de la mise en œuvre d'un programme de sensibilisation à la sécurité, mener tout de front peut s'avérer difficile, surtout si les membres de votre équipe de sensibilisation à la sécurité ont d'autres responsabilités ou travaillent dans un autre service.

Un oubli comme celui d'envoyer les informations de connexion pour un nouveau module est une erreur humaine qui peut paralyser complètement votre campagne.

Quelles que soient les circonstances, vous devez tenir les membres de votre équipe de sensibilisation à la sécurité au courant à tout moment, et leur confier des tâches clairement définies avec des dates de livraison précises. Vous devez également effectuer un suivi pour vous assurer qu'ils sont prêts à passer à l'action le jour du déploiement (voir l'étape 3 – Déployer).

Les défis logistiques prennent de nombreuses formes. Que feriez-vous dans les cas suivants :

- Votre entreprise organise un événement important qui nécessite une étroite coordination et repousse votre formation au bas de la liste des priorités?
- C'est la haute saison dans votre entreprise, et tout le monde se concentre sur la satisfaction des attentes de vos clients, et non sur votre campagne?
- Vous découvrez que vous n'avez pas fixé des délais réalistes pour l'élaboration et la diffusion du matériel de communication?

Toutes ces situations sont des cauchemars logistiques, mais voici le point important à retenir : la façon dont vous gérez ces situations aujourd'hui et la façon dont vous les empêchez de se produire à l'avenir a un effet direct sur votre réussite.

Et si vous considériez plutôt les problèmes comme des occasions de faire les choses différemment la prochaine fois, en vous posant les questions suivantes :

- Est-ce que cela s'est produit parce qu'un membre de l'équipe de sensibilisation à la sécurité a failli à la tâche?
- Est-ce que c'était un problème de planification? Ai-je été réaliste?
- Lorsque j'ai créé mon calendrier de campagne à l'étape 2 – Planifier, ai-je tout pris en compte? Ai-je négligé quelque chose qui m'apparaît aujourd'hui?

Pour votre prochaine campagne, parlez éventuellement aux membres de votre équipe de sensibilisation à la sécurité et à leurs responsables afin de confirmer leur engagement et d'apporter les changements nécessaires.

Enfin, vous devez faire preuve de plus de réalisme et de rigueur lors de la création de votre calendrier de communication (voir l'étape 2 – Planifier). Utilisez votre liste de contrôle actualisée pour suivre tout ce qui est nécessaire à la réussite de votre campagne.

Pour être réaliste en matière de logistique, vous devez accepter cette vérité : la mise en œuvre d'un programme efficace de sensibilisation à la sécurité exige la coordination de toutes les ressources. Et si le problème était que votre organisation ne peut pas vous fournir l'équipe dont vous avez besoin en interne?

Pour savoir si c'est le cas, vérifiez si vous avez déployé toutes les activités prévues au moment prévu. Si des problèmes sont survenus, menez une enquête plus approfondie pour voir s'ils se sont produits en raison de ressources internes insuffisantes pour gérer vos activités de sensibilisation. Si c'est le cas, vous pouvez faire appel à une ressource externe pour vous appuyer.

Diriger un programme de sensibilisation à la sécurité que vous n'avez pas conçu nécessite de solides compétences en gestion de projet. De nombreuses entreprises choisissent de faire appel à une ressource externe permanente ou temporaire qui se consacre exclusivement à leur programme de sensibilisation à la sécurité, en fonction de son ampleur et de l'effort nécessaire pour le superviser.

Établissez de nouveaux objectifs – mettez à jour votre programme

En plus d'appliquer toutes les leçons apprises, vous devez revoir les buts et les objectifs établis aux étapes 1 et 2 pour voir s'ils ont changé du tout au tout et les modifier en conséquence.

Les facteurs de changement

L'amélioration de votre programme de sensibilisation à la sécurité est un processus continu. Vous devez donc prendre en compte plusieurs facteurs pour établir de nouveaux objectifs de sécurité pour votre campagne :

- la conformité;
- l'évolution de la nature des risques;
- le plan d'action, et
- les repères du secteur.

La conformité

La modification de la mission de votre entreprise, de ses principales activités opérationnelles, de sa situation géographique ou la mise en œuvre d'une nouvelle réglementation peuvent avoir une incidence sur votre écosystème de conformité. Assurez-vous d'être à jour sur toutes les obligations de conformités contractuelles et réglementaires qui concernent votre entreprise. Si de nouvelles obligations de conformité s'imposent à votre entreprise depuis que vous avez terminé l'étape 1 – Analyser, revenez en arrière et mettez à jour vos objectifs.

L'évolution de la nature des risques

Comme nous l'avons évoqué tout au long de cet ouvrage, le monde de la cybersécurité évolue chaque jour selon les menaces. Vous devrez possiblement élaborer une toute nouvelle campagne de sensibilisation à la sécurité. Soyez attentif aux métamorphoses et mutations des logiciels malveillants, des escroqueries en ligne et des piratages psychologiques afin d'intégrer les modèles d'hameçonnage les plus récents et les plus efficaces à votre programme, et de modifier les modules de formation en conséquence.

Un changement dans les activités opérationnelles essentielles de votre entreprise ou la mise en œuvre de nouveaux processus commerciaux ou de nouvelles technologies est un autre facteur qui influe sur votre niveau de risque. Consultez vos services informatiques, RH, sécurité, finances, administration et autres services concernés pour savoir s'ils ont mis en place de nouveaux systèmes susceptibles d'être la cible de cyberattaques.

Le plan d'action

Un plan d'action est une liste de priorités de travail que vous établissez en fonction de votre programme et de ses exigences, en plaçant les éléments essentiels en priorité afin que votre équipe sache ce qu'elle doit remettre en premier. Établissez des priorités avec vos équipes et assurez-vous que tout le monde partage le même état d'esprit concernant le programme.

Une fois que vous avez rédigé le plan d'action, vous devez le mettre à jour en permanence pour suivre le rythme du programme. Il évoluera très certainement au fil du temps, alors préparez-vous à ce que les décideurs de votre entreprise remettent en question les priorités, ce qui vous obligera à procéder à des modifications au fur et à mesure.

Les repères du secteur

Des données comparatives précises ne sont pas toujours facilement accessibles pour une entreprise en raison des différences de taille, de sophistication et de secteur d'activité. C'est pourquoi de nombreuses entreprises s'appuient sur les rapports de l'industrie ou des associations professionnelles pour recueillir des données selon les meilleures pratiques. Les autres sources sont les conférences, les magazines et l'Internet. Ces sources peuvent mettre en lumière de nouvelles tendances, actualiser les statistiques ou expliquer les nouveaux types de cybercriminalité.

Vous devez être agile et réactif lorsque vous découvrez de nouvelles informations susceptibles d'affecter votre entreprise. Modifiez vos programmes pour sensibiliser votre personnel aux nouvelles menaces afin qu'il puisse vous aider à repousser le dernier type de cyberattaque.

Organisation de votre réunion de bilan

Réunissez votre équipe de sensibilisation à la sécurité après une campagne ou une fois par an pour comparer vos notes et trouver de nouvelles idées.

Chacun a eu une expérience différente dans l'élaboration et la mise en œuvre de votre programme et de vos campagnes. Toute l'équipe a des suggestions à faire qui permettront de rehausser l'efficacité de votre programme. Le partage d'informations sur ce qui a fonctionné et ce qui n'a pas fonctionné avec votre équipe de sensibilisation à la sécurité est un exercice riche en émotions.

Conseils pour les réunions de bilans

- Après une activité majeure, prévoyez une rencontre avec les principaux acteurs pour discuter de ce qui a fonctionné et de ce qui n'a pas fonctionné.

- Installez un tableau blanc pour recueillir les commentaires; vous pouvez plus facilement décider des priorités lorsque tout le monde regarde la même liste. Prenez des photos des idées écrites sur le tableau blanc pour les consigner et les documenter après la rencontre. Notez ce que vous avez appris pour ne pas perdre de vue ou oublier les erreurs, afin d'éviter qu'elles se reproduisent.

- Choisissez les trois premiers points à traiter en priorité, et n'essayez pas de résoudre tous les problèmes simultanément. Vous pouvez toujours prévoir des réunions de bilans supplémentaires pour régler les problèmes restants.

Votre plan d'optimisation pour une amélioration continue

L'objectif de l'utilisation du cadre de sensibilisation à la sécurité en cinq étapes de Terranova Security est d'obtenir des résultats plus efficaces, c'est-à-dire, faire adopter des comportements sécuritaires à vos publics. La clé pour y parvenir est de continuer à améliorer votre programme en réunissant votre équipe de sensibilisation à la sécurité pour évaluer le succès de vos activités et planifier vos prochaines étapes.

Examen des commentaires

Avant la réunion de bilan, envoyez un sondage à tous les membres de l'équipe, au personnel de soutien, aux ambassadeurs, aux promoteurs, aux experts et aux clients critiques afin d'avoir un aperçu de leurs perceptions et de leurs réflexions concernant votre programme. Vous devez également examiner toute rétroaction directe et tout commentaire envoyé par les participants à votre équipe de sensibilisation à la sécurité pendant la campagne.

Déterminez les meilleures pratiques et les leçons apprises

Sur la base des paramètres élaborés à l'étape 4 – Mesurer, préparez un document pour votre rencontre qui soulignera ce qui a bien fonctionné et les domaines où vous pouvez apporter des améliorations en matière de :

- gestion du programme, y compris le contenu;
- budgétisation et d'approvisionnement;
- gestion du temps et de la planification; et de

- gestion des finances, des ressources humaines, de la commercialisation et de la gestion du changement, ainsi que des consultants juridiques et externes.

Sélectionnez vos priorités

Lorsque vous vous réunissez avec votre équipe de sensibilisation à la sécurité, planifiez et hiérarchisez vos prochaines activités d'amélioration. Réfléchissez aux moyens d'optimiser votre programme afin d'obtenir de meilleurs résultats à chaque étape. Votre plan d'optimisation doit préciser :

- les priorités d'optimisation;
- la situation ou le contexte organisationnel actuel;
- les projets recommandés;
- les avantages attendus de la démarche d'optimisation; et
- la date limite prévue.

Attribuez les responsabilités

Identifiez le service qui sera responsable de l'exécution des activités d'optimisation sélectionnées et affectez les ressources appropriées (c'est-à-dire le budget et le personnel). N'oubliez pas de signaler tous les résultats et les plans au responsable de votre programme de sensibilisation à la sécurité.

Effectuez un suivi

Lorsque vous aurez assigné toutes les activités d'optimisation et fixez les dates limites, intégrez-les au calendrier de votre programme et informez-en votre équipe de sensibilisation à la sécurité. Prévoyez des créneaux dans votre emploi du temps pour le suivi et la collecte des rapports d'avancement auprès des responsables.

ÉVALUATION DU PROGRAMME DE SENSIBILISATION À LA SÉCURITÉ

Lorsque vous évaluez votre programme de sensibilisation à la sécurité, vous devez répondre à ces questions essentielles :

- Votre programme de sensibilisation à la sécurité a-t-il atteint vos buts stratégiques et les objectifs de votre campagne?
- A-t-il modifié les comportements à risque qui pourraient compromettre la sécurité de votre entreprise?
- A-t-il amélioré la culture de la sécurité générale de l'entreprise?
- Le niveau de risque général des services ou des utilisateurs a-t-il augmenté ou diminué?
- L'indice global de sensibilisation à la sécurité des services ou des utilisateurs a-t-il augmenté ou diminué?
- L'indice global de la culture de la sécurité de l'entreprise, des services ou des utilisateurs a-t-il augmenté ou diminué?

Utilisez les questions d'évaluation présentées ci-dessous pour choisir le type de questions à poser individuellement à votre équipe de sensibilisation à la sécurité ou dans le cadre d'une analyse à froid menée auprès du groupe de discussion.

L'évaluation du processus

- Le programme a-t-il ciblé le bon public avec les bons thèmes?
- Devez-vous envisager d'ajouter un autre public cible?
- Le programme a-t-il pris en compte les besoins de tous les publics cibles?
- Les publics cibles ont-ils réagi favorablement au programme? Quels sont les canaux de communication qui ont le mieux fonctionné?
- Quels canaux de communication n'ont pas fonctionné et pourquoi?

- Devez-vous envisager des méthodes différentes pour diffuser vos messages?
- Avez-vous pu déployer à temps toutes les activités et communications de sensibilisation à la sécurité que vous aviez prévues?

L'évaluation des résultats

- Les hypothèses formulées au début du programme étaient-elles correctes? Reportez-vous à votre aide-mémoire d'analyse.
- Des mesures ont-elles été prises pour compenser des événements imprévus?
- Avez-vous développé des solutions de contournement pour compenser des problèmes techniques?
- Avez-vous atteint les objectifs de votre programme de sensibilisation à la sécurité?
- L'un des membres de l'équipe de sensibilisation a-t-il reçu une rétroaction directe au sujet du programme?
- Les activités de la campagne ont-elles été bénéfiques pour le public cible?
- Dans quelle mesure les changements de comportement peuvent-ils être attribués à votre programme de sensibilisation à la sécurité?
- Quelles activités du programme ont fait une différence positive quant aux comportements des participants?
- Certaines activités du programme ont-elles eu des effets négatifs?
- Votre programme de sensibilisation à la sécurité s'harmonise-t-il avec les politiques actuelles de votre entreprise?
- Que pouvez-vous faire pour améliorer davantage le programme de sensibilisation à la sécurité?

L'évaluation des ressources
- Tous les membres de l'équipe de sensibilisation à la sécurité comprennent-ils leurs rôles et leurs responsabilités?
- Votre équipe responsable du programme de sensibilisation à la sécurité a-t-elle besoin de ressources supplémentaires?
- Les coûts des activités du programme sont-ils raisonnables par rapport aux avantages?
- Votre programme de sensibilisation à la sécurité dispose-t-il du budget nécessaire pour poursuivre ses activités?

EXERCICE

LE PLAN D'OPTIMISATION

Durant votre réunion de bilan avec votre équipe, parvenez à un consensus sur les trois principales priorités d'optimisation que vous souhaitez mettre en œuvre pour optimiser la réussite du programme.

Pour chacune des priorités que vous établissez, répondez aux questions suivantes et documentez vos réponses et vos plans :

- Quels sont les éléments que vous allez optimiser?
- Pourquoi? Décrivez la situation actuelle de votre entreprise qui vous a amené à décider de cette priorité d'optimisation.
- Quels sont les avantages attendus de cette démarche d'optimisation?
- Comment? Quelles sont les mesures recommandées pour répondre à cette priorité d'optimisation?
- Qui est chargé de travailler sur ce projet d'optimisation? Quelle est la date limite?

FÉLICITATIONS!

Vous avez terminé l'étape 5 – Optimiser du cadre de sensibilisation à la sécurité en cinq étapes de Terranova Security.

Vous avez maintenant créé un cycle d'optimisation continue. Continuez à viser plus haut. Examinez vos résultats et cherchez des moyens d'utiliser ce que vous avez appris pour améliorer vos campagnes afin que la cybersécurité reste une priorité à long terme au sein de votre entreprise!

Résumé des actions d'optimisation

1. Analysez les résultats de vos mesures.
2. Comparez les objectifs aux résultats.
3. Définissez les domaines à améliorer.
4. Établissez de nouveaux objectifs.
5. Organisez une réunion de bilan.

C'est la cinquième et dernière étape du cadre de sensibilisation à la sécurité en cinq étapes de Terranova Security.

En écrivant ce livre, j'avais pour objectif de vous donner les connaissances dont vous avez besoin pour mettre en œuvre un programme de sensibilisation à la sécurité qui aborde et modifie les comportements humains à risque dans votre entreprise. J'espère que j'ai réussi.

Êtes-vous prêt à vous mettre au travail pour maîtriser votre programme de sensibilisation à la sécurité?

N'oubliez pas que les experts de mon équipe de sensibilisation à la sécurité chez Terranova Security sont heureux de vous soutenir et de contribuer à votre réussite.

C'est parti!

CONCLUSION

J'ai consacré les deux dernières décennies de ma carrière à la formation, à l'informatique et à la sensibilisation à la sécurité. Je me sens investie de la responsabilité de partager les leçons que mon équipe et moi-même avons apprises pour vous aider à concevoir et à déployer un programme de sensibilisation à la sécurité efficace. Quand je dis « efficace », je parle spécifiquement d'un programme qui crée un changement de comportement, qui réduit considérablement la probabilité d'une violation de sécurité dans votre entreprise et qui instaure une culture de la sécurité.

Ce livre est votre manuel de référence pour mettre en place le programme idéal de sensibilisation à la sécurité de votre entreprise. Mais plus encore, c'est aussi un appel à l'action. On pourrait même dire que c'est un appel à l'action, vous incitant à mettre en œuvre un programme de sensibilisation à la sécurité qui permet de faire face efficacement à la recrudescence des cyberattaques visant des organisations comme la vôtre.

Disposer d'une politique de sensibilisation à la cybersécurité n'a jamais été aussi crucial. Ces dernières années ont complètement bouleversé la formation à la sensibilisation à la cybersécurité. L'évolution mondiale vers le télétravail a introduit de nouveaux défis et a obligé les professionnels de la cybersécurité à actualiser nombre de leurs pratiques. Les cybercriminels ont profité et continueront de profiter de cette période d'incertitude pour voler vos données.

Aujourd'hui, vous ne pouvez pas vous en remettre à la technologie de la sécurité ou conserver une mentalité de « cocher la case » et vous contenter de dire « formation de sensibilisation à la sécurité terminée ». Nous devons employer un correctif humain pour traiter les risques liés aux facteurs humains.

Comme vous le savez, les cybercriminels visent vos employés et vos collaborateurs au moyen d'escroqueries par hameçonnage, de piratage psychologique et d'autres menaces en ligne afin d'accéder à des informations sensibles. En réponse à ces attaques, vous devez inciter les personnes qui travaillent dans votre entreprise à participer en leur proposant une formation de sensibilisation à la sécurité qui est pertinente, interactive, attrayante, continue et répétitive, et cela, dans le but de modifier leurs comportements à risques et de faire de la sécurité de l'information une priorité. Vous devez leur fournir les connaissances nécessaires pour qu'elles deviennent un pare-feu humain et vous aident à mener la cyberguerre.

C'est donc à nous de leur apprendre à détecter les menaces, non pas le jour, la semaine ou le mois même de leur formation, mais à long terme, afin que toutes les informations sensibles traitées et générées par votre entreprise restent protégées.

Une violation de sécurité est une violation de trop. Vos utilisateurs sont votre première ligne de défense. Ils doivent être conscients qu'en tant que participants actifs, ils sont responsable de la protection de votre entreprise et d'eux-mêmes face à la cybercriminalité.

Pour tenir les cybermenaces à distance, vous devez être proactif et stratégique. Vous devez mettre au point un plan adapté aux réalités et aux besoins propres à votre entreprise. Une approche unique ne peut pas réduire efficacement les risques liés aux humains. Ce livre fournit un point de départ et une méthodologie éprouvée pour mener à bien un programme de sensibilisation à la sécurité qui réduira considérablement les comportements à risque dans vos rangs et créera une culture de la sécurité dans votre entreprise.

Mon équipe et moi-même nous sommes appuyés sur notre vaste expertise en matière de formation professionnelle, de changement de comportement, d'informatique et de sensibilisation à la sécurité pour élaborer le cadre de sensibilisation à la sécurité en cinq étapes de Terranova Security. Ce processus innovant, solide et très efficace a aidé des milliers d'entreprises à mettre en œuvre des programmes efficaces de sensibilisation à la sécurité dans le monde entier.

À maintes reprises, nous avons vu des entreprises mettre en œuvre des projets de sensibilisation à la sécurité qui ne réduisent pas suffisamment le risque de violation de la sécurité. Cela se produit pour différentes raisons. Par exemple, ces entreprises :

- considèrent la sensibilisation à la sécurité comme un projet et non pas comme un processus continu;
- commencent par la phase de déploiement, en diffusant des cours en ligne, accompagnés ou non de vidéos, sans analyse ni planification appropriées;
- veulent seulement cocher la case des exigences de conformité;
- ne fixent aucun objectif pour leur programme et leurs campagnes;
- n'établissent aucun indicateur de rendement clé (IRC) et ne mesurent pas leurs résultats;
- ne rendent pas leurs campagnes passionnantes et interactives pour les participants; et
- ne personnalisent pas le contenu pour qu'il reflète la réalité de l'entreprise ou du public.

Le cadre de sensibilisation à la sécurité en cinq étapes de Terranova Security comble toutes ces lacunes en s'appuyant sur cinq étapes essentielles qui vous donnent une plus grande assurance quant à la réussite de votre programme de sensibilisation à la sécurité :

- Étape 1 – **Analyser**
- Étape 2 – **Planifier**
- Étape 3 – **Déployer**
- Étape 4 – **Mesurer**
- Étape 5 – **Optimiser**

Conseil : sans un cadre, vous ne faites qu'avancer par essais et erreurs, et vous vous en remettez au hasard.

Lorsque mon équipe et moi-même avons planifié et rédigé ce livre, nous nous sommes concentrés sur certains points clés que je souhaite mettre en évidence ici pour vous. Lorsque vous déployez votre programme de sensibilisation à la sécurité, vous devez tenir compte des nombreux facteurs qui agissent directement sur la facilité avec laquelle les personnes assimilent et retiennent les informations.

Plus précisément, pour que votre programme de sensibilisation à la sécurité soit efficace, il doit être :

- pertinent pour les personnes qui suivent la formation et pour leur fonction;
- engageant, interactif et amusant;
- diffusé par segment plutôt court et rendu plus efficace par un contenu facile à digérer;
- adapté à la capacité d'apprentissage et au niveau de motivation des participants;
- continu, répétitif et renforcé; et enfin

- personnalisé pour chaque utilisateur en fonction de son rôle, de son niveau de risque et de son indice de sensibilisation à la sécurité et l'indice de la culture de la sécurité.

Prochaines étapes

En lisant ce livre, j'espère que vous commencerez à établir ce qui rend votre entreprise et ses besoins en matière de sensibilisation à la sécurité différente de toutes les autres entreprises. Plus important encore, j'espère que vous aurez une vision plus claire du chemin à suivre, de tout ce que vous devez prendre en considération, des tâches et des activités que vous devez accomplir, ainsi que des ressources que vous devez obtenir pour concevoir et déployer le meilleur programme de sensibilisation à la sécurité. Je veux que votre programme soit votre fierté. Un programme qui réduit les risques et augmente certains comportements parmi les personnes de votre entreprise. Créez une véritable culture de la sécurité!

REMERCIEMENTS

Dire que ce livre est « de Lise Lapointe » est une exagération. Je n'aurais jamais pu donner vie à ce projet sans l'incroyable contribution de mon équipe.

J'ai tellement de personnes à remercier. En tête de liste figurent les RSSI qui ont développé et fait évoluer le cadre de sensibilisation à la sécurité en cinq étapes et la méthodologie de Terranova Security au cours des dernières années. Ils ont fait preuve d'un engagement extraordinaire pour m'aider à faire grandir Terranova Security et permettre à nos clients de mettre en place des programmes efficaces de sensibilisation à la sécurité.

Je souhaite profiter de cette occasion pour remercier personnellement chaque membre de l'équipe de sensibilisation à la sécurité pour leur dévouement, leur contribution et leur soutien :

- Theo Zafirakos, RSSI
- Jamal Elachqar, Responsable innovation
- Anick Charland, RSSI
- Membres du conseil consultatif des clients

Lise Lapointe

À PROPOS DE L'AUTRICE

Lise Lapointe est une entrepreneuse visionnaire qui a consacré les deux dernières décennies de sa carrière à la sensibilisation à la cyber-sécurité. Sa société, Terranova Security, propose des formations de pointe en matière de sensibilisation à la sécurité depuis plus de vingt ans. C'est en soutenant des responsables internationaux de la sécurité et en travaillant avec eux que Lise est devenue le fer de lance de l'éla-boration de programmes personnalisés de sensibilisation à la sécurité qui modifient le comportement des utilisateurs et développent des cultures organisationnelles sensibilisées à la sécurité dans le monde entier.

Lise et son équipe ont d'abord publié *The Human Fix To Human Risk : 5 Steps To Masterminding an Effective Security Awareness Programme*™, un moyen de partager les leçons tirées de leur expérience en matière de cybersécurité et d'aider les entreprises à sécuriser leurs informa-tions sensibles grâce à une approche de l'apprentissage centrée sur les personnes. Les responsables de la sécurité s'accordent à dire qu'une approche personnalisée qui tient compte des objectifs de l'entreprise, du niveau de maturité en matière de sécurité de ses utilisateurs, du rôle de l'employé et de la langue donnera les meilleurs résultats en réduisant considérablement les risques liés au facteur humain.

Installée à Laval, au Québec (Canada), Lise s'est classée parmi les 20 femmes de pointe en cybersécurité au Canada, selon IT World Canada. En 2021, elle s'est hissée au rang des 100 femmes les plus influentes au Canada dans la catégorie BMO Entrepreneurs, qui reconnaît les femmes propriétaires et exploitantes d'entreprises florissantes.

CPSIA information can be obtained
at www.ICGtesting.com
Printed in the USA
LVHW071741220323
742314LV00007B/194